Angelika Dorothea Albrecht

EIN BAU EROBERT DIE WELT

Das Goetheanum als Symbol der Anthroposophie

Mit 37 Abbildungen
Umschlaggestaltung: www.clarissajochum.de
Umschlag: Luftaufnahme 1921 Blick von Süden(www.wikiwand.com)
Rückseite: Luftaufnahme 1953 Blick von Westen (www.wikiwand.com)
© 2023 Angelika Dorothea Albrecht
ang.albrecht@arcor.de
Satz: www.clarissajochum.de
Herstellung und Verlag: BoD – Books on Demand, Norderstedt
ISBN 9783754343586
2. Auflage

Es sprießen mir im Seelensonnenlicht
Des Denkens reife Früchte,
In Selbstbewusstseins Sicherheit
Verwandelt alles Fühlen sich.

Rudolf Steiner (1861 - 1925):
„Anthroposophischer Seelenkalender" (1912/13)
Auszug des 30. Wochenspruchs der vierten Oktober-Woche

Inhalt

Vorwort

Als ich nach der Geburt meiner Tochter im Wochenbett lag, brachte mir eine schwangere Freundin das Buch „Geburt und Kindheit" des anthroposophischen Arztes Wilhelm zur Linden. Die Lektüre verschaffte mir spontan und nachhaltig die Erkenntnis, dass ich mein weiteres Leben auf dem anthroposophischen Weg gehen wollte. Seit nunmehr 41 Jahren habe ich mich immer mehr in das Leben und Wirken von Rudolf Steiner vertieft, und bis heute verschaffen mir seine Vorträge neue Offenbarungen. In der Kindergarten- und Schulzeit meiner Tochter nahm ich freudig Anteil an der Waldorfpädagogik und beteiligte mich bei den diversen Veranstaltungen mit eigenen kleinen Beiträgen. Fünf Jahre lang besuchte ich einen Eurythmie-Kurs für Eltern und erlebte mich und meinen Körper neu. Familienfreizeiten, Veranstaltungen und kultische Handlungen der *Christengemeinschaft* gehörten bald zu meinen gerne wahrgenommenen Gewohnheiten.

Als für mich vor einiger Zeit der Gedanke immer drängender wurde, einmal umfassender über Anthroposophie informiert zu sein, entstand ein Manuskript, das zu meiner eigenen Überraschung Buchform annahm. Beim Schreiben fühlte ich mich – wie bei *Mein Engelbuch*, meinem ersten Buch – „von guten Mächten wunderbar geborgen".

Ich danke meiner Tochter Clarissa, dass sie die grafische Gestaltung und das Layout übernommen hat.

Herrn Herbert Lippmann verdanke ich die liebevolle Durchsicht des Manuskripts. Mit seinen konstruktiven Anmerkungen trug er zur Bereicherung des Textes bei.

Nachdem ich der ersten deutschen Auflage dieses Buches (2021) eine englische Ausgabe mit dem Titel „The Triumph of Spirit – Anthroposophy's Goetheanum Attracts the World" folgen ließ, sah ich mich zu einer zweiten deutschen Auflage veranlasst. Es hatten sich inzwischen Ergänzungen und Korrekturen ergeben, die mir am Herzen lagen. So erscheint nun „Ein Bau erobert die Welt – Das Goetheanum als Symbol der Anthroposophie" in zweiter Auflage zwei Jahre später.

Möge die Lektüre dieses Buches das Interesse an der Anthroposophie wecken und all denen, die damit vertraut sind, erbauliche Stunden verschaffen.

München, Michaeli 2023
Angelika Dorothea Albrecht

EINLEITUNG

„Als Rudolf Steiner seine anthroposophische Laufbahn um 1900 begann, arbeitete er zuerst mit kleinen Gruppen und einzelnen Menschen. Die vorbereitende Phase beschreibt er in seiner Autobiografie, in seinen frühen Schriften und in einigen seiner Briefe. Er arbeitete mit einem unabhängigen deutschen Zweig, der ursprünglich aus der *Theosophischen Gesellschaft* hervorgegangen war. Dabei übernahm er keineswegs einfach die Überlieferungen und Lehren der indisch gefärbten Theosophie, sondern schuf seine eigene Lehre aufgrund von unmittelbaren Erfahrungen mit der geistigen Welt und den geistigen Wesen und begründete eine Geisteswissenschaft anthroposophischer Orientierung – die *Anthroposophische Gesellschaft*."[1] Diese wurde auf der ersten Generalversammlung (2./3. Februar 1913) in Berlin konstituiert.

Die geistige Schau ermöglichte es Rudolf Steiner, das Spiegelbild des Übersinnlichen im Sichtbaren nachzubilden. Auf die Frage eines seiner Schüler „Welches Werk von ihm er am wichtigsten erachtete", antwortete Rudolf Steiner: *„Die Philosophie der Freiheit*. Wer die verinnerlicht, kann daraus auch noch in hundert Jahren geisteswissenschaftliche Erkenntnisse gewinnen, die ihn im Leben weiterbringen." Dieses philosophische Hauptwerk schrieb Rudolf Steiner im Jahr 1894 (GA 4).

Bereits 1902 sprach Rudolf Steiner in einer kleinen Vortragsrunde über „Praktische Karma-Studien". Wie sich nicht nur das Geistig-Seelische, sondern auch die Kräfte der leiblichen Organe als Formkräfte in den wiederholten Erdenleben auswirken, wurde als Richtkräfte dargelegt. Diese bringt der Mensch aus dem Vorgeburtlichen ins Erdenleben herein und trägt sie in das nachtodliche Leben hinüber. Seine letzte Vortragsreihe, die er vor seinem Tode hielt, widmete er ebenfalls „Karma-Betrachtungen". So steht das menschliche Schicksal am Anfang und Ende von Rudolf Steiners Vortragsthemen.

Ebenfalls 1902 stellte Rudolf Steiner das Wesen des Christentums und seine geistesgeschichtliche Stellung in der Menschheitsentwicklung dar (GA 8). Von 1913 bis 1914 referierte er in zehn Einzelvorträgen über das *Mysterium von Golgatha.* „Mit Christi Leben, Tod und Auferstehung sind Erfüllung und zugleich Überwindung der antiken Mysterien gegeben. Ohne das Mysterium von Golgatha wäre der Menschheitsentwickelung das Ich verlorengegangen." (Zit. Rudolf Steiner, GA 152.)

Das erstmals 1910 erschienene Werk *Die Geheimwissenschaft im Umriss* (GA 13) „enthält die umfassendste Darstellung im Werk Rudolf Steiners vom Wesen und der Entwicklung der Menschheit und ihrer Zugehörigkeit zu einem selbst in Entwicklung befindlichen Kosmos".[2]

Ausgangspunkt war der philosophische Idealismus des 19. Jahrhunderts, vor allem Goethes Weltanschauung. Die Methode, die benutzt wurde, war eine solche der Beobachtung des Geistes und seiner Erscheinungsformen und Beschreibung des Beobachteten. Dass die Methode der Beobachtung der geistigen Welt nicht dieselbe sein kann wie die der physischen Welt, ist offensichtlich. Alles, was nicht zur physischen, dreidimensionalen, wägbaren und messbaren Welt gehört, die den materiellen Instrumenten und der Analyse zugänglich ist, verlangt geistige Sinnesorgane.

Der Plan des Baus einer der Anthroposophie gemäßen Wirkungsstätte nahm 1913 Wirklichkeit an. „Man wird nun einen Bau ‚Goetheanum' nennen dürfen, der in der Architektonik und Plastik so entstanden ist, dass in seiner Form das Einleben in die Goethesche Metamorphosen-Anschauung den Versuch gewagt hat, zur Verwirklichung zu kommen. (...) Wer den Gedanken der Umbildung nicht nur der sinnlich-anschaulichen Formen, (...) sondern auch des seelisch und geistig Erfassbaren sich zugänglich macht, der ist bei der Anthroposophie angelangt." So führte es Rudolf Steiner aus in seinem Zyklus *Wege zu einem neuen Baustil* „Und der Bau wird Mensch" (GA 286). In acht Vorträgen sprach er über den Ursprung der Architektur aus dem Seelischen des Menschen und ihren Zusammenhang mit dem Gang der Menschheitsentwicklung (1911, 1913 und 1914).

Rudolf Steiner war bewusst, wie wichtig Kunst für die Menschen ist und wie sehr sie das Denken verlebendigen und befreien kann. So schuf er bei seinen Vortragszyklen und Kursen sowie Tagungen – zusammen mit Marie Steiner-von Sivers und anderen Künstlern – durch Rezitationen,

Bühnen- und Eurythmieaufführungen sowie Musik immer wieder einen neuen künstlerischen Rahmen für das Publikum.

„Bis zum Ersten Weltkrieg hatte sich die Anthroposophie nach und nach zu einer vollendeten Weltanschauung entwickelt, die der Erneuerung der Mysterien und der Erneuerung einer spirituell begründeten Kunst diente. Das 1913 begonnene und 1922 fertig gestellte erste Goetheanum in Dornach wurde der physische Mittelpunkt dieser Weltanschauung. (...) Der Erste Weltkrieg (1914 bis 1918) brachte eine vollständige Umwälzung aller menschlichen Angelegenheiten und Situationen. Viele Menschen fingen an zu realisieren, dass der Materialismus als Philosophie und Wissenschaft vielleicht doch keine Antwort auf die menschlichen, sozialen und kulturellen Probleme der Welt haben könnte. Unzählige Werte waren zerstört worden. Die beste, begeisterte, hoffnungsvolle Jugend war tot. Da war auch die soziale Frage: Wie sollte die menschliche Gesellschaft organisiert werden? Die politischen Lösungen, die unternommen wurden, zum Beispiel mit dem Friedensvertrag von Versailles, führten nur – wie die Geschichte zeigte – zu neuen Konflikten und einem weiteren Krieg. (...) Die alte Wunde im sozialen Leben der Menschen brach auf. Und als der Marxismus wie eine Grundwelle Europa überschwemmte, hatte Rudolf Steiner den Mut, auszusprechen und aufzuzeigen, ‚dass der Sozialismus, wie er heute auftritt, eine antisoziale Erscheinung ist‘.“[3]

Hier setzte die Phase der praktischen Anwendung der Anthroposophie auf dem Feld von Wissenschaft und Medizin, in Schulen, im sozialen Leben, im Agrarwesen und in der Wirtschaft ein.

Der esoterische Impuls führte schließlich 1923 zur Neubildung der *Anthroposophischen Gesellschaft*. Zu den Gründungsfeierlichkeiten fanden sich am 24. Dezember zahlreiche Gäste aus nah und fern in der provisorisch erweiterten Schreinerei ein. In seinem Eröffnungsvortrag machte Rudolf Steiner die Anwesenden mit den Statuten der neuen *Allgemeinen Anthroposophischen Gesellschaft (AAG)* bekannt. Ein Jahr nach dem Brand des ersten Goetheanum postulierte er, dass „Mittelpunkt der Bestrebungen der *Anthroposophischen Gesellschaft* die Pflege anthroposophischer Geisteswissenschaft mit ihren Ergebnissen für die Brüderlichkeit im menschlichen Zusammenleben, für das moralische und religiöse sowie für das künstlerische und allgemein geistige Leben im Menschenwesen ist“ (GA 260).

Rudolf Steiner wird nun erster Präsident der *AAG*; zuvor war er geisteswissenschaftlicher Lehrer und Vortragender gewesen, hatte aber in der Gesellschaft kein Amt übernommen, war nicht einmal offizielles Mitglied. Er bildete einen Vorstand, in dem er die aktive Führung übernahm, um entscheidenden Einfluss auf die Angelegenheiten der Gesellschaft zu nehmen.

Die eigentliche Gründung der *Allgemeinen Anthroposophischen Gesellschaft* erfolgte in einem Weihe-Akt mit einem Grundsteinspruch von Rudolf Steiner, den er zu Beginn und zum Abschluss der Weihnachtstagung 1923/24 vortrug. Hier der letzte Vers:

Göttliches Licht
Christus-Sonne,
Erwärme
Unsere Herzen,

Erleuchte
Unsere Häupter,
Dass gut werde,
Was wir

Aus Herzen gründen,
Was wir
Aus Häuptern
Zielvoll führen wollen.

Nach Ehrenfried Pfeiffer ist es eine böswillige Verzerrung und grobe Unterstellung, wenn Gegner der Anthroposophie sie als einen Kult, als Sekte oder als Mystizismus bezeichnen.

Rudolf Josef Lorenz Steiner (Lebensdaten)*

*27.02.1861 Donji Kraljevec
(damals Österreich-Ungarn, heute Kroatien)
† 30.03.1925 Dornach (Schweiz)

- Studium an der Wiener Technischen Hochschule
- 1891 Promotion zum Doktor der Philosophie an der Universität Rostock. Titel: „Die Grundfrage der Erkenntnistheorie".

Begründer
- einer neuen Geisteswissenschaft, genannt „Anthroposophie"
- der Anthroposophischen Gesellschaft mit der Freien Hochschule für Geisteswissenschaft
- der Sozialen Dreigliederung
- der Dreigliederung des Menschen
- einer neuen Bewegungskunst: (Sprach-, Ton-, Heil-)Eurythmie
- der anthroposophischen Heilkunst und Pharmazie (Mitbegründer der Weleda AG)
- der biodynamischen Landwirtschaft
- der Waldorfschulbewegung

Abb. 1   Rudolf Steiner (1908)

Berater
- für die Bewegung der religiösen Erneuerung Die Christengemeinschaft

Erneuerer
- der Erziehungskunst
- der Ernährungs-wissenschaft

Schöpfer einer neuen
- Malkunst
- Architektur
- Bühnenkunst

---

* *Es gibt zahlreiche Biografien über Rudolf Steiner und die unvollendete Autobiografie **Mein Lebensgang**. Hier eine kleine Auswahl zur weiteren Lektüre:*

__Hemleben, Johannes__: Rudolf Steiner in Selbstzeugnissen und Bilddokumenten. rororo-TB 1963.
__Lindenberg, Christoph__: Rudolf Steiner – Eine Biographie 1861 bis 1925. Verlag Freies Geistesleben, TB Stuttgart 2011.
__Lissau, Rudi__: Rudolf Steiner – Persönlich Unpersönlich. Verlag am Goetheanum, Dornach 1991.
__Steiner, Rudolf__: Mein Lebensgang. Eine nicht vollendete Autobiografie, mit einem Nachwort herausgegeben von Marie Steiner-von Sivers. Rudolf Steiner Verlag, 9. Aufl. Dornach 2000 (GA 28).
__Wachsmuth, Guenther__: Rudolf Steiners Erdenleben und Wirken. Von der Jahrhundertwende bis zum Tode. Die Geburt der Geisteswissenschaft. Eine Biographie. Verlag am Goetheanum, Dornach 1951.
__Zeylmans van Emmichoven, F. W.__: Rudolf Steiner. Verlag Freies Geistesleben, Stuttgart 1961.

Kapitel 1

Das erste Goetheanum auf dem Dornacher Hügel

„Die Freuden können wir in der Gegenwart,
die Leiden aber erst in der Zukunft schätzen.
Die ersteren sind Geschenke des guten Gesetzes,
die letzteren aber sind die Lehrer der Weisheit.
Leiden ist eine Begleiterscheinung der höheren Entwickelung.
Es ist das, was man nicht entbehren kann zur Erkenntnis.“

Rudolf Steiner, 1909 (GA 110)

Seit 1911 versuchte der Vorstand des Johannes-Bau-Vereins der *Anthroposophischen Gesellschaft* von der Münchner Baukommission eine Genehmigung für die Errichtung des geplanten Johannesbaus zu bekommen.

Bevor dieses Bauprojekt Ende Februar 1913 erneut abgelehnt wurde, waren Rudolf Steiner und Marie Steiner-von Sivers nach Beendigung des Baseler Vortragszyklus über das Markus-Evangelium im Herbst 1912 Gäste des Ehepaars Nelly und Emil Grosheintz-Laval in ihrem einsamen Haus Brodbeck auf dem Dornacher Hügel. Als Sommer-Residenz für die Familie Großheintz 1905 errichtet, erhielt es später einen Anbau und den Namen „Rudolf Steiner Halde". Heute wird dieses Gebäude vor allem für Tagungen genutzt. In ihm sind die *Sektion für Schöne Wissenschaften*, die *Sektion für redende und musizierende Künste*, die Finanzabteilung und das Puppentheater untergebracht. Marie Steiner-von Sivers berichtete später, dass Rudolf Steiner „am anderen Morgen verstört, wie zermalmt, ganz umdüstert aufwachte, was ihm sonst nie geschah, da er trotz ewiger Hetze in ewiger Harmonie lebte". Marie Steiner-von Sivers hatte das Gefühl, dass er „in jener ersten Nacht manches vorausgeschaut, was in Gedanken zu bewegen er sich verbieten musste".

In einem Gespräch mit Emil Grosheintz-Laval[4] ergab sich dann die Möglichkeit, auf diesem Hügel den geplanten Johannes-Bau zu errichten, der 1913 – in Würdigung von Johann Wolfgang von Goethe – zum

Goetheanum umbenannt wurde. Diese großzügige Schenkung des Dornacher Geländes wurde gekrönt von einer großzügigen Baugenehmigung der Baseler Baubehörde.

Der Modellbau des ersten Goetheanum (damals noch Johannes-Bau) wurde in Malsch (Landkreis Karlsruhe) in den Jahren 1908/09 von Ernst August Karl Stockmeyer[5] gemeinsam mit seinem Vater, dem Maler Karl Stockmeyer, nach den Ideen Rudolf Steiners gefertigt.

Das erste Goetheanum wirkte wie aus Stein, war aber (bis auf das Beton-Fundament) aus Holz und Gips. Sein gesamter Rauminhalt betrug 66.000 Kubikmeter. Es existierte nur zwei Jahre, von 1920 bis 1922. In der Silvesternacht 1922/1923 brannte der Holzbau nieder.

„Wenn Sie sich mit den Texten und Reden beschäftigen, die im Umfeld des Pfarrers Kully[6] und anderen ab 1920 gegen das Goetheanum, Steiner und die Anthroposophie lanciert wurden, mit all dem Hass, der Wut und all diesen Zerstörungsaufrufen – mit kontinuierlicher Steigerung bis in die Brandnacht hinein – so ist das eine eindeutige Anstiftung, emotional, aber auch physisch." (Zit. Peter Selg[7])

„In den Jahren bis zur Vollendung des Goetheanum weilte Rudolf Steiner immer wieder für längere Zeit in Dornach, um die Bauarbeiten zu betreuen. Daneben folgte er weiterhin den Einladungen, in zahlreichen Städten Europas Vorträge und Kurse zu halten, deren intensive Tätigkeit mit ihrer Inhaltsfülle einen anderen Menschen durch die Vorbereitung, Forschung und Ausarbeitung schon voll in Anspruch genommen hätte. Daneben empfing er von früh bis spät eine nicht abreißende Kette von ratsuchenden Menschen, die ihn mit ihren persönlich-menschlichen oder wissenschaftlichen Problemen aufsuchten. Mit jedem Besucher in ununterbrochener Folge aus allen Lebens- und Wissensgebieten traten Fragen an ihn heran, die oft das Schicksal eines Menschen, den Fortgang einer Forschungsarbeit, die Einführung weitgehender Maßnahmen betrafen. Aber er fand auch immer die Zeit für die persönliche Beratung seiner Schüler in der esoterischen Weiterbildung. Außerdem gab es vielgestaltige und zahlreiche Verpflichtungen im organisatorischen und administrativen Bereich. (...) Hinzu kam die schriftliche, wissenschaftliche und literarische Arbeit an seinen Publikationen, die Jahr für Jahr erschienen. Er fand auch noch Zeit und Kraft für die Lektüre einer großen Zahl von Büchern über alle Gebiete der Wissenschaft, Kunst, Geschichte, Literatur usw. Seine

Abb. 2   Das erste Goetheanum. Aufrichtefeier, 1. April 1914.

Sachkenntnis über frühere und heutige Zeiterscheinungen war in Gesprächen so groß, dass man immer wieder nur verblüfft staunen konnte." (Zit. Guenther Wachsmuth: *Rudolf Steiners Erdenleben und Wirken*, S. 360).

Das Gelände hatte inzwischen durch Zukauf eine Größe von 12 Hektar. Als zweiten Architekten engagierte Rudolf Steiner Ernst Aisenpreis (1884 bis 1949), damals 30 Jahre alt. Viele junge Menschen aus unterschiedlichen Ländern, die sich der Anthroposophie mit Herz, Leib und Seele verschrieben und Rudolf Steiner bei seinen zahlreichen Vorträgen in Deutschland, Österreich-Ungarn*, England, Norwegen, Russland, Frankreich, Niederlande persönlich erlebt hatten, zog es nach Dornach, um an

---

* k. u. k.-Doppelmonarchie (1867 bis 1918).

Abb. 3   Erstes Goetheanum. Fertigstellung 1922.

der Entstehung des Goetheanum mitzuwirken. Darunter waren Schriftsteller, Komponisten, Kunstmaler, Schauspieler, Eurythmisten, Bühnentechniker, Mediziner und andere. Im näheren persönlichen Umkreis von Rudolf Steiner waren es in dieser Zeit 18 Menschen aus etwa 17 Ländern, die vorübergehend oder auch längerfristig in Dornach lebten und arbeiteten. Sie betrachteten sich als Schüler und Beschützer ihres hochverehrten und geliebten „Doktor".

„Der Rohbau des ersten Goetheanum war 1919 fast fertig gestellt. Die farbigen Glasfenster – nach dem Prinzip der biegsamen Welle – kunstvoll mit einem Schleifrad aus dem Glas geschliffen, waren eingesetzt. Die bautechnische, plastische und malerische Arbeit konnte nun auch, da der Krieg vorüber war, mit einem größeren Stab von Mitarbeitern intensiver und rascher fortgeführt werden, und in jeder nicht von Vorträgen und Besprechungen in Anspruch genommenen Stunde war Rudolf Steiner selbst auf dem Bauplatz, in der Schreinerei, an den Arbeitsstätten der Plastiker und auf den Gerüsten, von denen aus die beiden mächtigen Kuppeln des Baues ausgemalt wurden, richtunggebend, korrigierend und helfend, selbst schnitzend und malend tätig."[8]

Die erste Aufführung der *Oberuferer Weihnachtsspiele* vor Publikum wurde vorbereitet. Nächte lang wurde über die Probleme der Bühnenkonstruktion, Beleuchtung und Belüftung diskutiert. Dann begann die intensive Zusammenarbeit mit Rudolf Steiner, was die Bühnenausgestaltung und die mit Marie Steiner-von Sivers geschaffene Eurythmie-Kunst anbelangte. Auch die Darsteller seiner vier Mysteriendramen* sollten je nach Stimmungsgehalt des gesprochenen Wortes von beständig fluktuierendem, farberfülltem Raum umgeben sein. Das Wesen der Beleuchtungsangaben Rudolf Steiners ist glücklicherweise erhalten geblieben. Doch der harmonische Zusammenklang von Architektur, am Holze reflektiertem Licht, Malerei der Kuppel und intensivster Farbenflut mit dem Geschehen auf der Bühne konnte nach dem Brand des ersten Goetheanum nicht wieder hergestellt werden.

Rudolf Steiner bezeichnete den Bau „als ein Symbolum unserer Sache" und wies dem Goetheanum die Aufgabe zu, in Kriegs- und Friedenszeiten, auch in schwersten Epochen, diese Treue, diese Kompromisslosigkeit, diese ununterbrochene geistige Kontinuität zu gewährleisten.

Am 20. September 1913 erfolgte auf dem Dornacher Hügel die feierliche Grundsteinlegung. Während eines Vortrages anlässlich dieses Ereignisses äußerte Rudolf Steiner die folgenden Worte: „Die Kröten-Naturen werden von allen Seiten hervorkommen, und ihnen wird dieser Bau ein Stein des Anstoßes und Ärgernisses sein. Daher werden wir richtige Wachsamkeit brauchen und mutig stehen auf unserem Posten!"

---

* Die vier Mysteriendramen von Rudolf Steiner wurden von 1910 bis 1913 im jährlichen Turnus in München uraufgeführt:

I. Die Pforte der Einweihung (Initiation) – Ein Rosenkreuzermysterium (1910).
II. Die Prüfung der Seele – Szenisches Lebensbild als Nachspiel zur „Pforte der Einweihung" (1911).
III. Der Hüter der Schwelle – Seelenvorgänge in szenischen Bildern (1912).
IV. Der Seelen Erwachen – Seelische und geistige Vorgänge in szenischen Bildern (1913).

„Hätte ich nur diese vier Mysteriendramen geschaffen, wäre in ihnen die ganze Substanz der Anthroposophie enthalten." (Zit. Rudolf Steiner, GA 14.)

Die beiden kupfernen Grundstein-Dodekaeder hatten eine Länge von 96 cm. Im Inneren befanden sich die zwei schwebend aufgehängten Pyrit-Kristalle; im größeren Körper ein kleinerer, im kleinen der größere, also spiegelbildlich zur Doppelkuppel.

Das von Rudolf Steiner gezeichnete Grundsteindokument, das alle anwesenden Mitglieder unterschrieben, ist im Innern verwahrt.

Der Platz des Grundsteins liegt unter der Stelle, an der später das Vortragspult aufgestellt wurde. Dieser Grundstein wurde 1913 bzw. 1923 das Fundament des Goetheanum-Baus.

Abb. 4   Grundstein des ersten und zweiten Goetheanum.

„Der Grundstein-Spruch war eine dreiteilige Meditation über das Wesen des Menschen. Die Grundstein-Sprüche sind aus dem Welten-Wort heraus gehört, empfangen und gesprochen worden. (...) Der Boden, in den der Grundstein versenkt wurde, waren die Herzen der Anwesenden in ihrem harmonischen Zusammenwirken, in ihrem von Liebe durchdrungenen Willen, gemeinsam das anthroposophische Wollen durch die Welt zu tragen."[9]

Als am Vorabend des Neujahrstages 1922/23 das Feuer im ersten Goetheanum ausbrach und es mit all seiner Schönheit und seinen Schätzen bis auf die Grundmauern vernichtete, wurde auch ein Teil von Rudolf Steiners Wesen und Leiblichkeit zerstört. Zehn Jahre seines Lebens mit all den Hoffnungen, Zielen, all der schöpferischen Arbeit wurden im Verlauf von ein paar Stunden vernichtet. Der Schein des Feuers war noch in einer Entfernung von rund 50 km bis zum Schwarzwald, dem Schweizer Jura und zu den Vogesen zu sehen. Ob Brandstiftung die Ursache war, ist gerichtlich nicht bestätigt worden. Doch alle Anzeichen sprachen dafür.

Neben dem Goetheanum befanden sich die Schreinerei, die Werkstatt, die zeitweilige kleine Bühne, die Vortragshalle und auch das Atelier von Rudolf Steiner, in dem er mit seiner treuen Helferin Miss Edith Maryon an der Fertigstellung der Holzplastik *Christus als Menschheitsrepräsentant zwischen Luzifer und Ahriman* arbeitete. Funken des großen Feuers fielen auf das Dach der Schreinerei, und die Hauptbemühungen während der Nacht konzentrierten sich schließlich darauf, die Schreinerei und das Atelier zu retten.

Später, nachdem Rudolf Steiner alle von der Brandstelle abgerufen hatte, fand ihn Ehrenfried Pfeiffer mit Edith Maryon abseits im Gelände. In seiner Autobiografie beschreibt er seine Gedanken und Gefühle: „Für die Menge war Rudolf Steiner der große Lehrer geistiger Weisheit, der Schöpfer neuer Künste, der esoterische Lehrer oder Eingeweihte, der Hellsichtige, der Geheimnisse aus der geistigen Welt auf die Erde holen konnte. Dass da auch ein Mensch war, der leiden konnte, ein Empfinden hatte, der Trost gebrauchen konnte im Augenblick größter Verzweiflung, dessen Herz in dieser Nacht gebrochen wurde, schien offenbar niemand in den Sinn zu kommen." In jener Nacht erhob sich im Herzen von Ehrenfried Pfeiffer das Gelübde, „den Meister niemals zu verlassen, weder seine Arbeit noch den Menschen".[10]

Dass Rudolf Steiner seine Schüler am gleichen Tage zur künstlerischen Arbeit durch die Darbietung des *Dreikönigspiels* in der provisorisch hergerichteten Schreinerei anhielt, zeugt von dem Wissen der Unzerstörbarkeit und fortwirkenden Schöpferkraft des Wesenskerns seiner anthroposophischen Geisteslehre.

Nach dem Brand des Goetheanum verwies Rudolf Steiner wiederholt auf Parallelen zu dem Brand des Artemis-Tempels in Ephesos 356 v. Chr., der bekanntlich einer Brandstiftung zum Opfer fiel. Rudolf Steiner schilderte die spirituelle Wirkung der physischen Vernichtung, die eine stärkere Verlagerung der entsprechenden Kraft-Strukturen in die Äthersubstanz der Erde möglich machte.

In einem Vortrag in Basel am 9. April 1923 (GA 84, S. 44) sprach Rudolf Steiner über die „schreckliche Brandkatastrophe der letzten Silvesternacht, welche das erste Goetheanum vernichtet hat: Und so war der Bau für das Auge, was Anthroposophie für die Seele des Menschen sein soll."

Guenther Wachsmuth organisierte im Einverständnis mit Rudolf Steiner eine neue Wächtergruppe, welche Tag und Nacht den Schutz des noch Bestehenden gewährleisten sollte, um es in ruhigere Zeiten hinüberzuretten. Wie schon während der Errichtung des ersten Goetheanum übernahmen etwa 30 jüngere Menschen diese opfervolle Aufgabe gerne und verantwortungsvoll. Und so mancher konnte dabei feststellen, wie lange in der Nacht Rudolf Steiner arbeitete, und das Licht in seinem Atelier nur für wenige Stunden gelöscht wurde, oft nur für eine Stunde.

Die acht Meter hohe Holzskulptur *Christus als Menschheitsrepräsentant zwischen Luzifer und Ahriman* (s. Abb. 5) wurde von Rudolf Steiner entworfen und gemeinsam mit der Bildhauerin Edith Maryon für das erste Goetheanum in Dornach geschaffen. Sie sollte im kleinen Kuppelraum, dem Bühnenraum des ersten Goetheanum, aufgestellt werden. Als das Goetheanum in der Silvesternacht 1922/23 niederbrannte, war die Skulptur noch nicht vollendet und stand im Atelier der Schreinerei, wo sie vom Feuer verschont blieb. Die beiden an ihr Schaffenden starben, bevor sie die Skluptur vollenden konnten: Edith Maryon 1924 und Rudolf Steiner 1925.*

Abb. 5
„Christus als Menschheitsrepräsentant zwischen Luzifer und Ahriman".
Die 8 m hohe Holzskulptur wurde von Rudolf Steiner und Edith Maryon 1915 bis 1924/25 geschaffen.

---

* Über diese Arbeit hat Rudolf Steiner fünf Vorträge gehalten: GA 159, S. 248 (1915), GA 181, S. 312 ff. (1918), GA 194, S. 183 ff. (1919), GA 195, S. 40 (1920), GA 324a, S. 152 (1904 bis 1922).

Kapitel 2

DIE ANTHROPOSOPHISCHE BEWEGUNG

„Geistige Gegenwart müssen wir empfinden,
die dadurch da ist, dass wir Anthroposophie treiben. "
Rudolf Steiner, 1923 (GA 257)

Rudolf Steiner hat die von ihm methodisch entwickelte Anthroposophie sinngemäß als „anthroposophische Geisteswissenschaft" bezeichnet (GA 4). Während die überwiegend naturwissenschaftlich orientierte Anthropologie allein den äußerlich fassbaren Menschen beschreibt, will Anthroposophie darüber hinaus den nur innerlich erlebbaren seelischen und geistigen Menschen und die diesem durch konsequente Bewusstseinsschulung wahrnehmbare seelische und geistige Welt rein empirisch erforschen. (...) Alle Wirkungen in der Welt gehen, wie Rudolf Steiner betont, letztlich von geistigen Wesenheiten aus, die in verschiedenen Bewusstseinzuständen leben.

Im Jahr 1923, nachdem das erste Goetheanum abgebrannt war, bereitete Rudolf Steiner mit dem „Kongress der Mitglieder und Delegierten aus allen Ländern" (20. bis 23. Juli) die Verwirklichung des zweiten Goetheanum vor. Nachdem die behördlichen Verhandlungen bezüglich des Brandes, der Versicherung, des Wiederaufbaues durchgeführt waren, übernahm Rudolf Steiner die Gestaltung des neuen Baues wiederum ganz nach seinen eigenen Entwürfen und Richtlinien; das Modell begann er mit eigenen Händen. Die internationale Delegierten-Versammlung der *Anthroposophischen Gesellschaft* beschloss er mit den Worten: „Und es wäre schön, wenn dieses neue Goetheanum so werden könnte, dass es auch wieder in seinen Formen uns das entgegenstrahlen kann, was durch das Wort auf dem Boden der Anthroposophie der Menschheit gesagt werden soll." Auf der Generalversammlung des Vereins des Goetheanum hatte Rudolf Steiner am 17. Juni zum Ausdruck gebracht, „ ... dass wir die Kontinuität der Arbeit unseres Geisteslebens durchaus nicht aufgeben wollen. (...) Dass wir arbeiten aus dem Zentrum des Geistigen heraus und uns nicht beirren lassen. Davon hängt doch die wirkliche Perspektive der anthroposophischen Bewegung ab."

Abb. 6   Rudolf Steiner: Wandtafelzeichnung „Physis Mensch/Tier/Pflanze" vom
12. August 1924 während eines Vortrags in Torquay/England (GA 243).

In der Weihnachtstagung 1923/24 gründete Rudolf Steiner die *Anthro-posophische Gesellschaft* neu und übernahm die schwere Bürde des Vorsitzenden der *Allgemeinen Anthroposophischen Gesellschaft* und der *Freien Hochschule für Geisteswissenschaft* (s. auch Kapite 10). War er bis dahin nur als Lehrer und Berater der Gesellschaft tätig, nahm er nun mit einem Vorstand von fünf Mitgliedern die Leitung der neu gegründeten *Allgemeinen Anthroposophischen Gesellschaft* und der *Freien Hochschule für Geisteswissenschaft* in die Hände. „Rudolf Steiner sprach an diesem Morgen Worte, die das Schwingenkleid der Engel und Hierarchien an sich trugen, denen sie entstammten. Es war die Grundsteinlegung, die er in die Herzen der Mitglieder als Grundstein senkte." (Zit. Fred Poeppig: *Schicksalswege zu Rudolf Steiner,* 1955, S. 100/101).

Rudolf Grosse schrieb in seinem Buch *Die Weihnachtstagung als Zeitenwende* folgende erhellende Zeilen: „Durch die Weihnachtstagung war Dornach, war das Goetheanum zum Mittelpunkt der *Anthroposophischen Gesellschaft* geworden. Wenn das Goetheanum noch gestanden hätte, dann wären diese Tage der höchsten Geistes-Weihe seine Einweihung gewesen.

Nun war dieses Goetheanum in einer so umfassenden Weise an dem über-sinnlich-realen Geschehen der neun Tage beteiligt, dass von ihm etwas wie eine Mysterien-Weihe ausging. Und Rudolf Steiner, der Baumeister – einst des physischen Baues, jetzt des geistigen Menschheitsbaues –, war nicht derselbe wie vorher. Es war von ihm in selbständiger Geistessouveränität ein Zweifaches unternommen worden, was sich in früheren Kulturepochen nie hatte miteinander verbinden lassen, da die Gesetze der geistigen Welt, die von Erzengel Michael in strengster Weise gehütet wurden, für ein Zu-sammengehen zweier Aufgaben keinen Raum gaben, da sie sich gegenseitig ausschlossen. (...) Als Rudolf Steiner jedoch vor der eisernen Notwendig-keit stand, beide Aufgabenbereiche voll zu übernehmen, konnte er das nach seinen eigenen Worten nur tun, indem er der geistigen Welt gegenüber ein Versprechen ablegte. Was er den Mitgliedern darüber ausführte, findet sich in einem Vortrag vom 12. August 1924, gehalten in Torquay/England."[11]

In einem anderen Vortrag, der im Zusammenhang mit der Kremation von Edith Maryon (Basel, 6. Mai 1924) gehalten wurde, äußerte Rudolf Steiner diesbezüglich: „Die Leitung der anthroposophischen Bewegung bedingt, dass dasjenige, was im Zusammenhange mit mir geschieht, ich selber in der Lage bin, hinaufzutragen in die geistige Welt, um nicht nur eine Verantwortung zu erfüllen gegenüber von irgend etwas, was hier auf dem physischen Plan ist, sondern eine Verantwortung, die durchaus hin-aufgeht in die geistigen Welten. Und sehen Sie, Sie müssen sich schon, wenn Sie im rechten Sinne mitmachen wollen, was die anthroposophische Bewegung seit der Weihnachtstagung geworden ist, in diesen Gedanken hineinfinden, was es heißt, vor der geistigen Welt die anthroposophische Bewegung zu verantworten."[12]

Als Menschen, die mit der anthroposophischen Bewegung in Berüh-rung gekommen sind, d. h. Anthroposophen im weiteren Sinne, wurden von der Stuttgarter Stiftung ELIANT gGmbH* im Jahr 2010 mehr als 1 Million Europäer sowie einige 100.000 außereuropäische Unterstützer angegeben.

---

* Die Mitarbeiter und Freunde der *Europäischen Allianz von Initiativen angewandter Anthroposophie* – seit Ende März 2019 die gemeinnützige Stiftung ELIANT – wollen einen zivilgesellschaftlichen Beitrag leisten für mehr Lebensqualität und kulturelle Vielfalt in Europa. Ihr Arbeitsmotto stammt von Johann Wolfgang von Goethe: „Ein Einzelner hilft nicht, sondern wer sich mit Vielen zur rechten Stunde verei-nigt." https://eliant.eu/ueber-uns/

Kapitel 3

Schicksalswege nach Dornach

„Aufmerksam muss darauf gemacht werden, dass die anthroposophische Geisteswissenschaft die Mission hat, gerade alles dasjenige ins Leben einzuführen, dem Leben einzuverleiben, was aus einer Seele folgen muss, welche sich nach und nach die Überzeugung verschafft, dass die Ideen von Reinkarnation und Karma Realitäten sind.“

Rudolf Steiner, 1912 (GA 135)

Anfang des 20. Jahrhunderts führte der Weg vieler geistig Suchender nach Dornach. Die meisten hatten die Anthroposophie und Rudolf Steiner durch seine Vorträge in zahlreichen Städten Europas kennengelernt. Einige folgten ihm sofort, andere später. Alle trafen sich in Dornach wieder und halfen dort bei der Errichtung des ersten Goetheanum, wo sie eine besondere Gemeinschaft bildeten, während außerhalb der Schweiz der Erste Weltkrieg tobte. „Rudolf Steiner leitete diese Menschengruppe in die Wirklichkeit einer Gemeinschaft hinein, die sich im Werk selbst verkörperte und aus der geistigen und praktischen Arbeit heraus ihre zielklaren Lebensgesetze schuf.“ (Zit. Guenther Wachsmuth: *Rudolf Steiners Erdenleben und Wirken*.)

In den Nachkriegswirren wurden viele Menschen dieser Gruppe wieder in alle Winde zerstreut. Einige blieben für immer. Die folgenden Kurzbiografien sind eine Auswahl. Ihre Reihenfolge ergibt sich aus den kalendarischen Geburtsdaten. Im Anhang unter Literatur-Empfehlungen finden sich Hinweise auf weitere und ausführlichere Biografien.

Hermann Linde[13]
Kunstmaler

* 26.08.1863 Lübeck (Deutschland)
† 26.06.1923 Arlesheim (Schweiz)

Abb. 7

27

Hermann Lindes Vater war der Apotheker und angesehene Fotograf Hermann Linde senior. Seine Brüder waren der Augenarzt und Kunstsammler Max Linde und der Maler Heinrich Eduard Linde-Walther. Ersten Zeichenunterricht erhielt er von seinem Großvater, einem Dekorations- und Kunstmaler.

Bis 1889 studierte er an den Akademien in Dresden und Weimar. 1890 führte ihn eine Studienreise nach Sizilien, Ägypten und Tunesien. Von 1892 bis 1895 arbeitete er als freier Maler in Indien. Zwei Jahre verbrachte er in der Künstlerkolonie Dachau. Er erhielt zahlreiche Auszeichnungen und Preise.

1910 schloss sich Hermann Linde nach einer Begegnung mit Rudolf Steiner der anthroposophischen Bewegung an. Er wurde von Rudolf Steiner mit der Innenausmalung des ersten Goetheanum beauftragte. Dabei wurde er unterstützt von Wilhelm Nedella (1886 bis 1941). Hermann Linde fertigte außerdem Skizzen zum Vortrags-Zyklus Rudolf Steiners über Goethes *Märchen von der grünen Schlange und der schönen Lilie*. Auf eine Anregung von Rudolf Steiner gestaltete Hermann Linde das Märchen in einer Zusammenschau mit den Motiven des ersten Mysteriendramas *Die Pforte der Einweihung*, das 1910 im Schauspielhaus in München uraufgeführt wurde.

Ein halbes Jahr, nachdem das Goetheanum beim Brand in der Silvesternacht 1922/23 vernichtet wurde, starb Hermann Linde, laut Rudolf Steiner, an gebrochenem Herzen. Er hatte seine gesamte Existenz mit dem Gebäude und seine Malereien im Inneren verbunden. Fast genau ein Jahr später starb – ebenfalls an der großen seelischen Belastung – die Bildhauerin Edith Maryon (s. S. 33).

*Abb. 8a
Deckenmalerei
der großen
Kuppel des ersten
Goetheanum
(Ausschnitt).
Sie brachte eine
Vielzahl von
Motiven aus der
Geistesgeschichte
der Menschheit
zur Anschauung.*

Abb. 8b   Deckenmalerei der kleinen Kuppel des ersten Goetheanum.

Marie Steiner-von Sivers[14]
Künstlerin, Mitglied des Gründungs-
vorstandes der Allgemeinen
Anthroposophischen Gesellschaft,
Leiterin der Sektion für Redende und
Musizierende Künste am Goetheanum

* 14.03.1867 Wlotzlawek
   bei Warschau (damals Russland)
† 27.12.1948 Beatenberg (Schweiz)

Abb. 9

Marie von Sivers war sieben oder acht Jahre alt, als ihr Vater von Wlotzlawek nach Riga, der Hauptstadt Livlands, versetzt wurde. Zwei Jahre später quittierte er seinen Militärdienst, und der Wohnsitz wurde nach Sankt Petersburg verlegt. Dort besuchte Marie von Sivers eine deutsche Privatschule und hätte gerne Sprachwissenschaft und vergleichende Religionswissenschaft studiert, was aber ihre konservativen Eltern nicht erlaubten.

Mit Unterstützung ihrer Eltern studierte Marie von Sivers von 1895 bis 1897 in Paris am *Conservatoire de Paris* Rezitation und Schauspielkunst; letzteres Studium vertiefte sie nach ihrer Rückkehr nach Sankt Petersburg noch weiter. 1899 erhielt sie ein Angebot, am Berliner Schillertheater zu spielen, woraufhin sie nach Deutschland übersiedelte.

Von hier aus wendet sie sich Anfang Oktober 1900 an Edouard Schuré[15] mit der Bitte, seine beiden ersten Dramen ins Deutsche übersetzen zu dürfen, was er ihr zusagt.

Durch Edouard Schuré wird sie auf die *Theosophische Gesellschaft* aufmerksam und begegnet dort im November 1900 erstmals Rudolf Steiner, der zu einem Vortrag eingeladen worden war. Sie steht in ihrem 33. und er in seinem 40. Lebensjahr.

Margarita Woloschin beschreibt in ihren Lebenserinnerungen[16] Marie von Sivers folgendermaßen: „Sie hatte goldene Haare und einen Teint, so blühend und zart, wie ihn sonst nur kleine Kinder haben. Mit unglaublichen

Augen, blau und feurig wie Saphire, blickte sie in die Welt. Der Mund war zart aber fest, das Kinn ausgeprägt. Mir fielen auch ihre sehr schönen, kleinen Hände auf. Sie konnte herzlich lachen oder sich empören, wobei ihr das Blut leicht ins Gesicht stieg. (...) Sie war königlich unnahbar, obgleich sie sich nicht selbst über die anderen stellte. Sie besaß eine kindliche Unmittelbarkeit und sprühenden Humor. Sie war vor allem Künstlerin."

Obwohl Rudolf Steiner nicht Mitglied der *Theosophischen Gesellschaft* war, trat wenige Wochen später der Leiter der Berliner Theosophischen Gesellschaft an Rudolf Steiner heran und fragte ihn, ob er nicht an seine Stelle treten könne. Erst durch die Zusage von Marie von Sivers, bei dieser Aufgabe an seiner Seite zu stehen, war er bereit, für seine geisteswissenschaftlichen Erkenntnisse innerhalb der Theosophischen Gesellschaft zu wirken.

Mitte Januar 1902 wurde Rudolf Steiner Leiter des Berliner Zweiges und gleichzeitig Mitglied der *Theosophischen Gesellschaft*. Ende April trat man an ihn mit der Bitte heran, auch das Amt des Generalsekretärs bei der anstehenden Gründung einer deutschen Sektion zu übernehmen, was im Oktober 1902 erfolgte mit Marie von Sivers als Geschäftsführerin. Sie war es, die als erste die Bedeutung und Größe Rudolf Steiners erkannte, der von jenseits der Schwelle, die Tod und Leben trennt, zu den Menschen sprach.

Von selbständiger Geistigkeit, energisch und hochgebildet, bewandert in der Weltliteratur, fließend fünf Sprachen sprechend, dazu beseelt von einer ungewöhnlichen Hingabefähigkeit an die Sache, konnte sie die Kraft aufbringen, mit der überwältigenden Arbeitsleistung von Rudolf Steiner Schritt zu halten.

Nachdem Rudolf Steiner und Marie von Sivers im Dezember 1911 wegen ideologischer Differenzen aus der *Theosophischen Gesellschaft* ausgetreten waren, widmeten sie sich der Aufgabe, die Anthroposophie als Geisteswissenschaft weiter zu entwickeln und zu verbreiten. Die am 28. Dezember 1912 in Köln gegründete *Anthroposophische Gesellschaft* wurde von Marie von Sivers organisiert ebenso die Vortragsreisen Rudolf Steiners. Zu Beginn waren es 120 Mitglieder in 10 Zweigen; 1913 stieg ihre Zahl auf 2.500 in 54 Zweigen.

Bald wurde Marie von Sivers Rudolf Steiners unentbehrliche Reisebegleiterin und auch Dolmetscherin. Sie gründete einen eigenen Verlag und übernahm das Nachschreiben, die Drucklegung und den Vertrieb der immer frei gehaltenen Vorträge von Rudolf Steiner. Als Weihnachten 1923/24 die

Anthroposophische Gesellschaft neu gegründet wurde und Rudolf Steiner den Vorsitz übernahm, wurde auch Marie von Sivers Vorstandsmitglied und Leiterin der *Sektion für Redende und Musizierende Künste* der *Freien Hochschule für Geisteswissenschaft*. Ihr gemeinsames Interesse an Dichtung, Bühnen- und Sprechkunst, später auch Eurythmie, führte zu den Münchner Festspielveranstaltungen der Jahre 1907 bis 1913.

An Weihnachten 1914 fand die Trauung statt, und nun war Marie von Sivers offiziell „Frau Doktor Steiner".

Nach dem Kriegsende, von 1919 an, begann sie, die Eurythmie mit Tourneen des Dornacher Ensembles ins europäische Kulturleben einzuführen. Dadurch entstanden in verschiedenen Ländern Eurythmieschulen und anthroposophische Kunstzentren.

Als durch den Brand des ersten Goetheanum in der Silvesternacht 1922/1923 die Aufführung der Mysteriendramen nicht verwirklicht werden konnte, wurde Rudolf Steiner von jungen Künstlern um einen Kurs gebeten. Zusammen mit Marie Steiner-von Sivers hielt Rudolf Steiner im September 1924 mit 19 Vorträgen den „Dramatischen Kurs" (GA 282) ab und führte damit die Erneuerung der Bühnenkunst ein. Es wurde Rudolf Steiners letzter Kurs, denn unmittelbar darauf zog er sich aufs Krankenlager in sein Atelier zurück. Zu Füßen der Holzskulptur *Christus als Menschheitsrepräsentant zwischen Luzifer und Ahriman*, an der er bis zuletzt gearbeitet hatte, verbrachte er noch ein halbes Jahr in reger Arbeitsamkeit. Im Alter von 64 Jahren nahm Rudolf Steiner schließlich Abschied von dieser Welt.

Für die liebe Marie von Sivers

Die Welt im Ich erbauen　　　*Im eignen Ziel beschreiben*
Das Ich in Welten schauen　　*Ist Wahrheitsprache*
Ist Seelenatem　　　　　　　*Und Seelenatem dringe*
Erleben des All　　　　　　　*In Weisheitpuls, erlösend*
In Selbst-Erfühlung　　　　　*Aus Menschengründen*
Ist Weisheitpuls　　　　　　*Die Wahrheitsprache*
Und Wege des Geistes　　　　*In Lebens-Jahres-Rhythmen.*

Rudolf Steiner (15. März 1911)

Edith Maryon[17]
Bildhauerin, Leiterin der Sektion
für Bildende Künste am Goetheanum

* 09.02.1872 London (UK)
† 01.05.1924 Dornach (Schweiz)

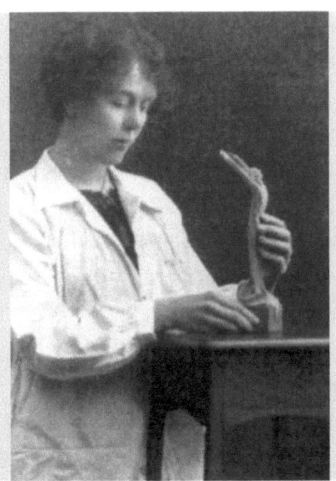

Abb. 10

Edith Maryon war eine erfolgreiche Bildhauerin und Porträtbildnerin an der Wende vom 19. zum 20. Jahrhundert in England. Sie gehörte mit Marie Steiner-von Sivers und Ita Wegman zu den engsten Mitarbeitern und Vertrauten Rudolf Steiners. Sie war Mitglied des ersten Hochschulkollegiums der *Freien Hochschule für Geisteswissenschaft*, Leiterin der *Sektion für Bildende Künste* und Vize-Präsidentin der *Anthroposophischen Gesellschaft* in der Schweiz. Ihrer Mitgestaltung verdanken wir die heute noch erhaltene, für das erste Goetheanum designierte monumentale Mittelpunktsgruppe *Christus als Menschheitsrepräsentant zwischen Luzifer und Ahriman*. Auch die Eurythmiefiguren und einige architektonische Leistungen gehen unter Rudolf Steiners Schirmherrschaft auf sie zurück.

Edith Maryons Vater war Schneider der Londoner Hight Society. Das Elternhaus lag unweit des *British Museum*, in dem umfangreiche ägyptische, griechische und römische Plastiksammlungen zu studieren waren. Später kam sie auf ein Nobelinternat unweit von Genf. In den Neunzigerjahren studierte Edith Maryon Bildhauerei an der *Central School of Design* und wurde 1904 im Alter von 32 Jahren „Associate" des inzwischen umbenannten *Royal College of Arts*. Auf Reisen nach Assisi und Rom bildete sie sich weiter. Ihre Werke – vor allem Vollplastiken und Reliefs – waren immer wieder auf Ausstellungen anzutreffen.

Edith Maryon interessierte sich für Okkultes, Spirituelles, was in Künstlerkreisen am Anfang des 20. Jahrhunderts nicht unüblich war. 1909 schloss sie sich einem Zweig des „Order of the Golden Dawn" an und stieß dort erstmals auf den Namen Rudolf Steiner. Da zwei Briefe an ihn unbeantwortet blieben, reiste sie nach Berlin und hörte einen Vortrag am 14. Mai 1912. Ein persönliches Gespräch mit Rudolf Steiner führte zu einer völligen Umgestaltung ihres Lebens. Im August 1913 erlebte sie die Aufführungen des dritten und vierten Mysteriendramas in München und beteiligte sich dabei eurythmisch am Sylphenchor. Mehr und mehr reifte in ihr die Hoffnung, mit ihren Fähigkeiten auch etwas für die anthroposophische Sache tun zu können. Sie beschloss, England zu verlassen. Anfang 1914 wurde dieser Entschluss jedoch noch ernstlich geprüft; sie erkrankte schwer; es waren die ersten Anzeichen der Tuberkulose, der sie zehn Jahre später zum Opfer fallen würde. Ihr Arzt korrespondierte mit Rudolf Steiner über die Behandlung. Sie wurde wieder gesund und zog im Sommer nach Dornach.

Rudolf Steiner nannte Edith Maryon häufig als Beispiel für den künstlerischen Einsatz, das Können und die selbstlose Hingabe der Mitarbeiter, wenn er auf seinen Vortragsreisen über den Bau des Goetheanum berichtete. Sie hatte ihn bei den Arbeiten am Gerüst um das große Plastilin-Modell vor einer schweren Verletzung wenn nicht sogar vor dem Tod bewahrt. Die Bedeutung dieser Errettung für die Entwicklung der Anthroposophie erschießt sich, wenn man sich vergegenwärtigt, was Rudolf Steiner nach 1916 leisten konnte für die anthroposophische Sache: Entdeckung des dreigliedrigen Organismus, die Gründung sämtlicher Tochterbewegungen von der Medizin bis zur Pädagogik und Landwirtschaft sowie die soziale Dreigliederungsbewegung, die Gründung der *Allgemeinen Anthroposophischen Gesellschaft* mit der *Freien Hochschule für Geisteswissenschaft*, die Fachzyklen und Karmavorträge.

Bei der Produktion der expressionistisch anmutenden Eurythmie-Figuren aus Sperrholz ging unter Rudolf Steiners Beratung Edith Maryon zielstrebig und mit praktischem Sinn vor, sägte und malte größtenteils eigenhändig. Der Gewinn aus dem Verkauf ging in den Baufonds und später an den Bund für Dreigliederung. Rudolf Steiner selber flocht Werbebotschaften in seine Vorträge, in denen er die Figuren zum Beispiel als nettes Weihnachtsgeschenk anpries.

Der nach dem Ersten Weltkrieg auftretenden Wohnungsnot begegnete Edith Maryon mit dem Projekt „Engländerhäuser", die im Südosten des Goetheanum nach ihrem Entwurf und mit Rudolf Steiners Korrekturen und ergänzenden Anregungen entstanden. Sie wohnte selber dort und kümmerte sich um die Verwaltung.

Edith Maryon war nach Gestalt und Charakter durch und durch Engländerin. Sie hatte rötliche Haare, eine durchscheinende Haut und war recht groß. Besuchern aus England war sie eine vermittelnde Gastgeberin und für Rudolf Steiners Besuche in England eine Wegbereiterin, Organisatorin, manchmal auch seine Übersetzerin (z. B. für *Die Kernpunkte der sozialen Frage*, GA 23).

Die Anzahl der Briefe, die Rudolf Steiner mit Marie Steiner-von Sivers[18] ausgetauscht hat, ist annähernd vergleichbar mit der an Edith Maryon[19].

Der Brand des ersten Goetheanum konnte für die vielleicht wichtigste Mitarbeiterin am Bau nicht ohne Folgen bleiben. Edith Maryon erkrankte erneut an Tuberkulose und war mit Ausnahme einer kurzen Zeit im Sommer 1923 so schwach, dass sie auf dem Krankenlager bleiben musste.

Nach dem frühen Tod der 54-Jährigen berief Rudolf Steiner keinen Nachfolger der *Sektionsleitung für Bildende Künste*.

Ita Maria Hendrika Wegman[20]
Ärztin, Mitglied des Gründungs-
vorstandes der Anthroposophischen
Gesellschaft, Leiterin der
Medizinischen Sektion am Goetheanum

* 12.02.1876 Kravang, Java
  (damals NL-Indien)
† 04.03.1943 Arlesheim (Schweiz)

Abb. 11

Ita Wegman war die erste anthroposophische Ärztin. In Zusammenarbeit mit Rudolf Steiner führte sie eine neue Heilkunst ein, in der sich moderne Naturwissenschaft und esoterisches Christentum verbinden. Als Kind holländischer Eltern auf einer Zuckerplantage im Westen Javas geboren, umschloss ihr Lebenslauf Entwicklung, Studium, ärztliche Praxis sowie in Zusammenarbeit mit Rudolf Steiner Erarbeitung der erweiterten anthroposophischen Medizin. Ihr kosmopolitisches Engagement führte zu öffentlichem Vertreten der Anthroposophie. 1902 bereits wurde sie in Berlin Mitglied der *Theosophischen Gesellschaft* und gehörte bald zu Rudolf Steiners engstem Schülerkreis. 1906 (im Alter von 30 Jahren) begann sie auf Anraten von Rudolf Steiner an der Universität Zürich das Studium der Medizin; dort hatten auch Frauen Zugang zur medizinischen Fakultät.

1911 beendete sie das Studium mit dem eidgenössischen Arztdiplom, das in der Schweiz gleichzeitig die ärztliche Approbation bedeutet. Durch ihre weitere Fachausbildung in Allgemeinmedizin und Frauenheilkunde konnte sie schließlich 1917 ihre erste eigene Praxis in Basel eröffnen. Frau Dr. med. Ita Wegman setzte den Hinweis Rudolf Steiners auf die Mistel als Krebsheilpflanze um, indem sie ein erstes Präparat aus der Apfelmistel beim Züricher Pharmazeuten Dr. Adolf Hauser herstellen ließ. Am 1. Juli 1917 stand dieses neue Mistelpräparat zur Injektionstherapie zur Verfügung, und Frau Dr. Wegman behandelte damit im selben Monat erste Patienten. So begann vor 100 Jahren die anthroposophische onkologische Misteltherapie.

Im Juni 1921 eröffnete sie ihre Klinik in Arlesheim, wo Rudolf Steiner mit ihr in den wenigen Jahren bis zu seinem Tod 1925 noch an die 500

Patienten sieht und mit Ita Wegman deren Behandlung berät. Es entstand das Konzept einer abendländisch-christlichen Heilkunst, einer Natur- und Geisteswissenschaft umfassenden integrativen Medizin. 1925 veröffentlichte Rudolf Steiner mit Ita Wegman die Schrift „Grundlegendes für eine Erweiterung der Heilkunst nach geisteswissenschaftlichen Erkenntnissen". Nach diesen Richtlinien wird heute weltweit im anthroposophisch-medizinischen Bereich gearbeitet (s. auch ANHANG, Seite 126).

Zeitgenossen schildern Ita Wegman als königlich in Gang und Geste, mit kraftvollen und doch zartsinnig-ausdrucksstarken Händen, blauen Augen, die hell und warm strahlten. Ihre Sprache war herzlich offen mit dem unverwechselbaren holländischen Akzent und ihr Zuhören von einer Intensität, wie es keiner, der es je erlebt hat, vergessen konnte.

Im Schockerleben der Brandnacht waren gleichsam durch die Flammen hindurch Bilder in Ita Wegmans Seele aus früheren Erdenleben aufgestiegen und die Gewissheit, dass sie ihr weiteres Leben ganz der Mitarbeit an Rudolf Steiners Menschheitsaufgabe widmen und ihren Anteil daran erkennen will. So erstaunt es auch nicht, dass sie bereits am Neujahrstag 1923 ein Komitee zum Wiederaufbau des Goetheanum gründet und über Freunde und ehemalige Patienten in Holland, Deutschland und England um Spendengelder bittet.

Peter Selg (geb. 1963) – Facharzt für Kinder- und Jugendpsychiatrie – gehörte von 2002 – 2006 dem Kollegium der leitenden Ärzte der Ita-Wegman-Klinik Arlesheim an. Seither ist er Leiter des Ita Wegman Instituts in Arlesheim. 2018 erschien von ihm als Herausgeber im gleichnamigen Verlag ein Buch, in dem sich die Wertschätzung Rudolf Steiners für Ita Wegman erschließt: »Briefe und Meditationen für Ita Wegman«. Als Autor und Herausgeber zahlreicher Publikationen schrieb Peter Selg auch eine Reihe von Wegman-Biografien, von denen drei Beispiele nachfolgend genannt sind:
1. »„Ich bin für Fortschreiten". Ita Wegman und die Medizin.« Verlag am Goetheanum, 2. Auflage 2002.
2. »Ita Wegman und Arlesheim«. Verlag am Goetheanum 2006.
3. »Ich bleibe bei Ihnen: Rudolf Steiner und Ita Wegman.« Verlag Freies Geistesleben, Stuttgart 2007.
Weitere Veröffentlichungen siehe ANHANG Literatur-Empfehlungen.

Carl Theodor Unger gehörte zu den Pionieren der anthroposophischen Bewegung. Als direkter Schüler und Mitarbeiter Rudolf Steiners verfasste er eigenständige Beiträge zu wissenschaftlichen Grundlagen der Anthroposophie. Er war zudem wesentlich an der Begründung und Entfaltung der *Anthroposophischen Gesellschaft* beteiligt. Die erste Begegnung mit Rudolf Steiner fand anlässlich einer beruflichen Reise nach Berlin im Februar 1904 statt, wo ein Vortrag Rudolf Steiners nachhaltigen Eindruck auf ihn machte. Rudolf Steiner schätzte Carl

Carl Theodor Unger[21]
Forscher, Fabrikbesitzer,
Administrator des ersten Goetheanum,
Vortragender, Autor

* 28.03.1878 Bad Cannstatt
  (Deutschland)
† 04.01.1929 Nürnberg
  (Deutschland)

Abb. 12

Ungers gründliche und besonnene Erkenntnisarbeit außerordentlich. 1908 trat Carl Unger in den Vorstand der deutschen Sektion der *Theosophischen Gesellschaft* ein. Außer an den Generalversammlungen der *Theosophischen Gesellschaft* wurde Carl Unger auch während den Tagungen der Mysteriendramen in München in den Jahren 1910 bis 1913 regelmäßig zu Vorträgen aufgefordert, um die Ergebnisse seiner Arbeit vorzustellen. Auf der ersten Generalversammlung der *Anthroposophischen Gesellschaft* im Januar 1914 in Berlin bot Carl Unger Rudolf Steiner seine Mitarbeit für den Dornacher Bau an. Von da an bis September 1915 widmete er mindestens die Hälfte seiner Zeit der administrativen Leitung des ersten Goetheanum. In dem von Rudolf

Steiner und Marie Steiner-von Sivers gemeinsam verfassten Testament vom 18. März 1915 wurde Carl Unger zu ihrem Testamentsvollstrecker ernannt. Im Falle des gleichzeitigen Todes der beiden Erblasser wurde ihm auch die Verfügung über den schriftstellerischen Nachlass Rudolf Steiners zugesprochen. Carl Unger setzte sich Anfang 1919 mit allen ihm zur Verfügung stehenden Mitteln für die Verbreitung der Idee der Dreigliederung ein. Anfang der Zwanzigerjahre begannen die Anthroposophischen Hochschulkurse am Goetheanum für junge Wissenschaftler, die immer mehr in die *Anthroposophische Gesellschaft* hinein drängten. Als geschäftsführendes Mitglied des Vorstandes der *Anthroposophischen Gesellschaft in Deutschland* seit Februar 1923 nahm Carl Unger teil an der Weihnachtstagung 1923/24 zur Neubegründung der *Allgemeinen Anthroposophischen Gesellschaft* am Goetheanum in Dornach. Danach war Carl Unger fast jedes Wochenende in Dornach.

Während der letzten intensiven Vortragszeit Rudolf Steiners bis September 1924 weilte Carl Unger ununterbrochen in Dornach und verfolgte fast alle Veranstaltungen mit. Nach dem Tode von Rudolf Steiner am 30. März 1925 setzte sich Carl Unger für eine Neubesinnung der *Anthroposophischen Gesellschaft* und *Freien Hochschule für Geisteswissenschaft* ein. Vehement machte er sich stark für die Anerkennung des Testaments Rudolf Steiner aus dem Jahre 1915, in welchem Marie Steiner-von Sivers als alleinige Erbin des gesamten Nachlasses vorgesehen war. Prominente Mitarbeiter der anthroposophischen Bewegung waren der Meinung, der Nachlass sollte der Gesellschaft gehören.

Am 4. Januar 1929 fuhr Carl Unger nach Nürnberg, um zum 13. Male seinen auf großes Interesse stoßenden Vortrag „Was ist Anthroposophie?" zu halten. Kurz vor Beginn des Vortrages wurde er von einem geistesgestörten Menschen (Wilhelm Krieger) durch drei Schüsse ermordet. Dieser Tat waren wiederholt Schmähbriefe und Drohungen gegen die Anthroposophie, insbesondere jedoch gegen Carl Unger, vorangegangen, verfasst von diesem unter Verfolgungswahn leidenden Menschen.

Elisabeth Vreede wurde als zweites Kind in eine gebildete, der Theosophie zugewandten Familie geboren. Der Vater war Jurist, die Mutter widmete sich der Wohlfahrt. In ihrem Elternhaus verkehrten führende Mitglieder der *Theosophischen Gesellschaft*.

Elisabeth – das holländische Wort „vrede" bedeutet Frieden – war als Kind sehr zart; sie zeigte früh ein inniges Interesse an den Sternen und hatte in jungen Jahren bereits ein außergewöhnliches Gedächtnis. Anhand der Werke des Astronomen Camille Flammarion 23 brachte sie sich selbst die französische Sprache bei und entdeckte ihre Liebe zu astronomischen und kosmologischen Fragestellungen.

Um 1900 begann sie das Studium der Mathematik, Astronomie und Philosophie an der Universität Leiden, wohl als eine der ersten weiblichen Hörerinnen dieser Fächer. Nebenbei lernte sie Sanskrit, um die Mathematik der alten Inder studieren zu können. Sie nahm regen Anteil am Studentenleben, gründete einen Frauen-Ruderklub und war Vorstandsmitglied eines Studentinnenvereins. Um 1906 schloss sie das Studium mit einem Diplom ab.

1903 begegnete sie erstmals Rudolf Steiner auf dem *Theosophischen Kongress* in London und war beeindruckt von seiner Persönlichkeit. 1904 nahm sie am ersten *Kongress der Föderation Europäischer Sektionen der Theosophischen Gesellschaft* in Amsterdam teil und hörte Rudolf Steiners Vortrag über „Mathematik und Okkultismus". Von 1910 bis 1914 lebte Elisabeth Vreede in Berlin, eine Zeit lang im selben Haus wie Rudolf Steiner in der Motzstraße. Sie war dort zeitweise seine Mitarbeiterin im Sekretariat und gab auf seine Anregung viele einführende Kurse und Vorträge über Mathematik und Astronomie für Laien. Ursprünglich war sie wegen ihrer Doktorarbeit nach Berlin gekommen. Da ihre Tätigkeit zunehmend von den Aufgaben im Rahmen der anthroposophischen Bewegung bestimmt wurde, blieb ihre Doktorarbeit unvollendet.* Bis 1914 reiste Elisabeth Vreede oft an Orte, wo Rudolf Steiner Vortragszyklen hielt, und spielte bei den Aufführungen der Mysteriendramen in München in kleinen Rollen mit. Sie war es, die erst kurz vor den jeweiligen Aufführungen die von Rudolf Steiner in den Nächten geschriebenen Textmanuskripte auf der Schreibmaschine abtippte und vervielfältigte.

Im April 1914 – 34-jährig – zog Elisabeth Vreede nach Dornach, um beim Bau des ersten Goetheanum mitzuhelfen, insbesondere bei den Holzschnitzarbeiten.

---

* In der sogenannten *Denkschrift* wird Frau Elisabeth Vreede als „Dr. phil." zitiert (s. Kapitel 10, Seite 104).

Elisabeth Vreede[22]

Mathematikerin, Astronomin, Mitglied des Gründungsvorstandes der Anthroposophischen Gesellschaft, Leiterin der Mathematisch-Astronomischen Sektion am Goetheanum

* **18.07.1879 Den Haag** (Niederlande)
† **31.08.1943 Ascona** (Schweiz)

Abb. 13

Während der Kriegsjahre unterbrach sie ihren Dornach-Aufenthalt und meldete sich in Berlin bei der *Fürsorge für Kriegsgefangene*.

Um 1918 begann Elisabeth Vreede, aus eigenen Mitteln die Bibliothek und das Archiv am Goetheanum aufzubauen. Sie kaufte alle Nachschriften von Vorträgen Rudolf Steiners, sobald diese aus dem Stenogramm getippt waren. Sie stellte ihre profunden Kenntnisse in bescheidener Weise über viele Jahre den am Goetheanum studierenden und Rat suchenden Menschen zur Verfügung. Durch die professionelle und ernsthafte Verwaltung der Archivbestände konnte sie zudem manche voreilige oder leichtsinnige Verarbeitung des Gedankengutes Rudolf Steiners verhindern. 1920 übersiedelte sie nach Arlesheim, wo sie sich ein Haus nach einem Modellentwurf von Edith Maryon und Rudolf Steiner bauen ließ (s. Kapitel 9).

Elisabeth Vreede spielte eine maßgebende Rolle bei der Vorbereitung der dreiwöchigen Eröffnungstagung des ersten Goetheanum-Baus im Herbst 1920, bei der sie zwei Vorträge hielt. Im gleichen Jahr wurde sie Gründungsmitglied und später Sekretärin des Zweiges in Dornach. Während der Weihnachtstagung zur Neubegründung der *Anthroposophischen Gesellschaft* 1923/24 wurde sie von Rudolf Steiner als Vorstandsmitglied vorgeschlagen. Sie gründete die *Mathematisch-Astronomische Sektion der Freien Hochschule für Geisteswissenschaft*. Dazu Rudolf Steiner: „Nun haben wir noch eine Persönlichkeit, die ihr Gebiet in der Welt in einer sehr eindringlichen Weise abgesteckt hat, wo überall gerade von ihr Rat und Hilfe ausgeht, wenn man etwas zu wissen braucht auf mathematisch-astronomischem Gebiet" (GA 260, S. 145).

41

Andrej Belyj gilt als bekanntester Vertreter der jüngeren Generation der russischen Symbolisten, dem diese literarisch-philosophische Strömung in Russland die höchste Blüte verdankt. Belyj war Prosaschriftsteller, Dichter, Kulturwissenschaftler, Philosoph, Verfasser von Memoiren, Literaturkritiker, glänzender Redner und Polemiker.

Boris Nikolajewitsch Bugajeff[24]
Pseudonym: Andrej Belyj
Schriftsteller

* 26.10.1880 Moskau (Russland)
† 08.01.1934 Moskau
  (damals Sowjetunion)

Abb. 14

Bereits die Veröffentlichung seines zweiten Buches brachte Belyj hohe Anerkennung. Nach einer ersten Krise im Jahr 1904 wird das mystisch-poetische Bild Russlands zu seinem wichtigsten literarischen Thema, das ihn bis an sein Lebensende fesselt. Im gleichen Jahr fällt ihm das erste Buch Rudolf Steiners in die Hände: *Das Christentum als mystische Tatsache und die Mysterien des Altertums* (GA 8).

Sein Roman *Petersburg* (1913) gilt als eine der bedeutendsten Leistungen des russischen Symbolismus und reiht Belyj ein in die Reihe der größten Literaten des 20. Jahrhunderts.

Der Vater von Boris Bugajeff, wie Belyjs richtiger Name lautete, war Mathematiker und einige Jahre Dekan der Physikalisch-Mathematischen Fakultät der Moskauer Universität. Die Mutter war eine gute Pianistin, liebte Musik und Literatur.

Andrej Belyj absolvierte zunächst ein Studium an der naturwissen-schaftlichen Abteilung der physikalisch-mathematischen Fakultät der Moskauer Universität. Da er jedoch bereits mit 16 Jahren begonnen hatte, Gedichte und Prosa zu schreiben, widmete er sich danach vollständig der Literatur. 1901 machte er die erste Bekanntschaft mit der Theosophie, ohne sich jedoch dieser Strömung anzuschließen.

1909 lernte Anrej Belyj Assja Turgenieff kennen, die später seine Frau wird. Von Brüssel aus fand 1913 die erste Begegnung des Ehepaares mit Rudolf Steiner in Köln statt. Nun wurde Anthroposophie zum Hauptinhalt von Belyjs Leben. Schon bald wurde er esoterischer Schüler von Rudolf Steiner und besuchte eifrig mit seiner Frau Assja dessen Vorträge in ver-schiedenen Städten (z. B. München, Kristiania = Oslo, Kopenhagen). 1912 und 1913 erlebten sie in München die Aufführungen der vier Mysterien-dramen von Rudolf Steiner.

Im März 1914 ging Andrej Belyj mit seiner Frau nach Dornach, wo sie an der Errichtung des ersten Goetheanum mitwirkten. Die Errichtung des Geistestempels durch Vertreter aller am Ersten Weltkrieg beteiligten Nati-onen wurde von Belyj als das erste Vorzeichen einer spirituellen Kultur der Zukunft erlebt.

Im August 1916 kehrte er, zum Kriegsdienst einberufen, über Paris und London nach Russland zurück. Insgesamt hatte er mit seiner Frau rund 400 Vorträge Rudolf Steiners gehört. Als Mitbegründer der *Anthro-posophischen Gesellschaft* in Russland hielt er im Laufe von nur zwei Jahren über 300 Vorträge.

Bereits vor der Abreise nach Russland waren in den persönlichen Be-ziehungen zwischen Belyj und Assja zunehmende Schwierigkeiten aufge-treten. Um sich mit ihr zu treffen und die für ihn quälende Lage zu klären, kam er 1921 nach Berlin. Die Begegnung führte jedoch nur zur endgülti-gen Trennung. Vor der Abreise aus Deutschland fand Belyjs letzte Begeg-nung mit Rudolf Steiner statt, der ihm eine Reihe von Ratschlägen für sei-ne geistige Entwicklung gab, ihm zum Abschied die Stirn küsste und ihn für die folgende Arbeit in Russland segnete.

Als die bolschewistische Regierung Belyj als „bourgeois-dekadenten" Schriftsteller brandmarkte, zog er sich mit seiner zweiten Frau in die Isola-tion zurück und schrieb weiter ohne die Möglichkeit, seine Werke zu ver-öffentlichen.

Margarita Wassijewna Woloschin, geb. Sabschnikowa[25]
Malerin

* 31.01.1882 Moskau (Russland)
† 02.11.1973 Stuttgart (Deutschland)

Abb. 15

Margarita Woloschin wuchs in einer sehr wohlhabenden und kulturell vielfältig interessierten Großfamilie des zaristischen Russland auf. Zwei Brüder des Vaters gründeten einen internationalen Verlag.

Seit ihrer Kindheit stand fest, dass sie Malerin werden wollte; so bekam sie noch vor ihrem Abitur Malunterricht. Als die 21-Jährige zum ersten Mal Bilder auf einer Ausstellung zeigte, wurde sie über Nacht berühmt, bekam Aufträge, und Museen kauften ihre Bilder (z. T. heute noch zu sehen in Moskau, Astrachan, Pensa, Koktebel u. a.).

Als Margarita Woloschin 1905 mit ihrem Bruder einen Vortrag von Rudolf Steiner hörte, bekam sie eine erste entscheidende Antwort auf die Frage nach dem Sinn des Lebens. In den folgenden Jahren begleitete sie

Rudolf Steiner auf vielen Vortragsreisen und wuchs immer mehr in die Rolle einer Vermittlerin zwischen Anthroposophie und Russentum hinein. Sie dolmetschte, übersetzte (u. a. Rudolf Steiners *Die Geheimwissenschaft im Umriss*), lieferte mündliche und schriftliche Berichte bei ihren Moskauer Freunden ab und wirkte bei der Begründung der russischen *Anthroposophischen Gesellschaft* am 20. September 1913 mit.

Abb. 16
Selbstporträt (Zürich 1905).
Im Hintergrund könnte das zweite Goetheanum abgebildet sein – zwanzig Jahre vor seiner Entstehung!

44

Als 1914 in Dornach der Bau des ersten Goetheanum begann, war Margarita Woloschin zunächst als Schnitzerin tätig, bis Rudolf Steiner ihr auftrug, zwei von den sieben Motiven in der kleinen Kuppel zu malen. Hier erlebte sie eine Antwort auf die Frage nach dem Sinn der Kunst. Doch gibt sie in ihrer Autobiografie zu, dass sie Jahre gebraucht hat, bis sie die Angaben verstand, die Rudolf Steiner in seinen Farbenvorträgen (GA 291 und 291a) den Malern gemacht hat. Sie gehörten ihrer Meinung nach zu dem Geheimnisvollsten, zu dem, dessen Realität man nur durch ein jahrelanges Üben in einem neuen Erfassen der Farben erleben und verwenden kann.

Für die Herstellung der Pflanzenfarben zur Ausmalung der beiden Kuppeln des Goetheanum und des Bühnenvorhangs wurden unter Anleitung von Rudolf Steiner in einem kleinen Laboratorium in Dornach erste Versuche gemacht. Alle diese Anregungen und praktischen Ergebnisse kamen den weiteren künstlerischen Arbeiten und Bühnenbildern – z. B. den Mysteriendramen – zugute.

*Abb. 17   Die sieben Motive der Malerei der kleinen Kuppel des Goetheanum.
Im ersten Goetheanum hatte Margarita Woloschin zwei dieser Motive gemalt;
das slawische Motiv zusammen mit Arild Rosenkrantz (1870 bis 1964),
das ägyptische Motiv allein.*

Nachdem Albert Steffen im Herbst 1904 das Abitur am Gymnasium Bern bestanden hatte, begann er das Medizinstudium in Lausanne, denn sein Vater wünschte, dass er später dessen Landarztpaxis übernähme. Doch bald erkannte er, dass ihn das Studium nicht mit dem Leben verband. Es wurde ihm eindeutig bewusst, dass, wenn er nicht verkümmern sollte, er Dichter werden musste, und zwar als eine Synthese von Wissenschaft, Kunst und Religion auf der Grundlage der großen Menschheitsideen.

Mit Erlaubnis seines Vaters brach er das Medizinstudium ab und immatrikulierte sich an der Universität Zürich. Anfang Oktober 1906

Albert Steffen[26]
Schriftsteller, Mitglied des Gründungsvorstandes der Anthroposophischen Gesellschaft, Leiter der Sektion für Schöne Wissenschaften am Goetheanum

* 10.12.1884 Obermurgenthal/
 Kanton Bern (Schweiz)
† 13.07.1963 Dornach (Schweiz)

Abb. 18

vollendete er seinen ersten Roman *Ott, Alois und Werelsche,* und wenige Tage später reiste er nach Berlin, wo er sein Studium fortsetzen wollte. Im Juni 1907 wurde sein Buch im Fischer-Verlag veröffentlicht. Am 28. Februar 1907 besuchte er erstmals einen Vortrag von Rudolf Steiner, auf welchen ihn Karl Stockmeyer aufmerksam gemacht hatte. In den folgenden Jahren wandte er sich dem intensiven Studium der Schriften Rudolf Steiners zu und widmete sich der verstärkten, schon früh begonnenen meditativen Schulung. 1910 kam es zu Albert Steffens Eintritt in die damalige *Theosophische Gesellschaft.*

Abgesehen von kürzeren Aufenthalten in der heimatlichen Schweiz, die ihn im Juli 1914 auch nach Dornach führten, wo er in der Schnitzwerkstatt arbeitete, blieb er bis Sommer 1920, also noch während des ganzen Ersten Weltkrieges, in München. Neben mehreren Romanen entstanden dort die beiden ersten Dramen *Die Manichäer* und *Der Auszug nach Ägypten.* Für die neue Wochenschrift *Das Goetheanum* schlug Rudolf Steiner 1921 Albert Steffen als verantwortlichen Redakteur vor. Damit erschloss er dem Dichter, der nun auch als Essayist für eine neue Kultur auf der Grundlage der Geisteswissenschaft wirken konnte, ein erweitertes Wirkungsfeld und gleichzeitig eine Lebensgrundlage, die Steffen bis zu seinem Ableben 1963 wahrnahm und die ihn auch äußerlich mit Dornach verband.

Nach dem Tode Rudolf Steiners wurde Albert Steffen auf der außerordentlichen Generalversammlung an Weihnachten 1925 auf Vorschlag von Friedrich Rittelmeyer[27] zum Vorsitzenden gewählt.

Steffens Verbindung mit der Anthroposophie und die daraus entstandene Zusammenarbeit mit Rudolf Steiner beruhten auf einem freien Entschluss, um den er 1910 in München lange gerungen hatte. Seit 1916 setzte er sich auch öffentlich für die Anthroposophie ein. Als späterer Leiter der *Sektion für Schöne Wissenschaften* war es letztlich die Treue zu Rudolf Steiner und den ihm anvertrauten Aufgaben, seine Arbeit für die *Anthroposophische Gesellschaft* über 40 Jahre in schöpferischer Gesinnung durchzuführen und die spirituelle Orientierung dieser Gesellschaft damit maßgeblich zu prägen.

In der Nähe von Moskau geboren, wuchs Assja Turgenieff behütet auf dem Lande auf. Im Alter von zwölf Jahren entwickelte sie einen großen Wissensdurst. Dies führte sie später zum Besuch antireligiöser Versammlungen. 1905 erlebte sie in Moskau die Straßenkämpfe der Revolution. Ihre besorgten Eltern schickten sie zusammen mit ihrer Schwester Natascha nach Paris, wo die großen Kunstwerke des Louvre Assjas künstlerischen Tatendrang weckten. In Paris und bald darauf in Brüssel lernte sie bei dem Graveurmeister Auguste Michel Danse Zeichnen und Radierkunst.

Als sie Belyj trifft, ist sie 18 Jahre alt. Nach Abschluss ihrer Ausbildung heiratet das Paar und unternimmt Reisen nach Sizilien, Ägypten, Palästina und Griechenland, um alte Kulturen und ihre Kunst kennen zu lernen.

Assja ist 22 Jahre alt, als das Paar in Köln Rudolf Steiner kennen lernt und es sich seinen zahlreichen Vortragsreisen im In- und Ausland anschließt.

Im Frühjahr 1914 ziehen Assja und Andrej nach Dornach, um beim Bau des Goetheanum zu helfen. Assjas Schwester Natascha Pozzo begleitet sie. Obwohl Assja ursprünglich für das Schleifen der Glasfenster vorgesehen ist, zeichnet sie zunächst an den Bauplänen mit und wird zusammen mit ihrem Mann zum Schnitzen an den Architraven eingeteilt.

Die farbigen Glasfenster des Goetheanum wurden im sogenannten Glashaus hergestellt. Sie arbeitete unter Anleitung des polnischen Kunstmalers und Anthroposophen Thaddäus Rychter [1873 bis 1943(?)]. Später schnitzte Assja unter der Leitung von Edith Maryon an der Holzskulptur *Christus als Menschheitsrepräsentant zwischen Luzifer und Ahriman.* Zugleich machte sie eine Eurythmie-Ausbildung. Im Winter 1916/17 erlitt Assja Turgenieff infolge von Überarbeitung eine gesundheitliche Krise, die dazu führte, dass sie eine Zeit lang weder schnitzen noch eurythmisieren durfte. Unterdessen widmete sie sich den Schwarz/Weiß-Zeichnungen und entwickelte in Zusammenarbeit mit Rudolf Steiner eine neue Schraffurtechnik. Nach ihrer Gesundung erhielt sie von Rudolf Steiner den Auftrag, die Fenstermotive des ersten Goetheanum als Radierungen auszuführen.

Unter der Leitung von Marie Steiner-von Sivers wirkte Assja 1915 bis 1935 in Eurythmieaufführungen und bei Tourneen des Ensembles mit.

Nach der Zerstörung des Goetheanum durch den Brand nahm Assja Turgenieff die große Aufgabe in Angriff, sämtliche Glasfenster des ersten

Assja Anna Turgenieff-Bugajeff[28]
Grafikerin, Glasschleiferin, Eurythmistin

* 12.05.1890 Moskau (Russland)
† 16.10.1966 Arlesheim (Schweiz)

Abb. 19

Goetheanum für den neuen Bau umzugestalten. Sie mussten nun in eine hohe schmale Form übertragen werden. Die ursprünglich nebeneinander liegenden Motive wurden vertikal angeordnet. Nur das rote Fenster – heute im Westen des zweiten Goetheanum – konnte in seiner ursprünglichen Form ausgeführt werden.

Die Transparenz von Assjas Wesen fand hier ihr entsprechendes Material: das Glas! Physisch war die Glasschleiferei eine harte Arbeit. Die Motive mussten aus den riesigen Glasflächen unter ständiger Zufuhr von Wasser herausgearbeitet werden. Erst nach dem Ende des Zweiten Weltkrieges (1945) konnten die letzten Fenster fertig gestellt werden.

Neben dieser Arbeit illustrierte Assja Turgenieff Märchen, Legenden und Jugendbücher. Sie bekam von Marie Steiner-von Sivers den Auftrag, sämtliche Buchtitel grafisch zu gestalten und die Tafelzeichnungen Rudolf Steiners sinngemäß zu übertragen. Ihre Erfahrungen vermittelte sie in Vorträgen und Kursen in Dornach und Bern. Assja Turgenieff starb nach längerer Leidenszeit im Alter von 76 Jahren in Arlesheim.

Guenther Wachsmuth[29]

Mitglied des Gründungsvorstandes der Anthroposophischen Gesellschaft, Leiter der Naturwissenschaftlichen Sektion am Goetheanum

* 04.10.1893 Dresden (Deutschland)
† 02.03.1963 Dornach (Schweiz)

Abb. 20

Guenther Wachsmuth wurde als zweiter Sohn eines Kinderarztes und einer charaktervollen, alles Fortschrittliche liebenden Mutter geboren. Der plötzliche Tod seines Vaters fiel in sein siebtes Lebensjahr und weckte ihn aus seinem Kindheitstraum in einem wohlhabenden, großbürgerlichen Milieu des 19. Jahrhunderts. Längere Ferienzeiten führten auf das weiter entfernte Landgut Ussmannsdorf; hier konnte Guenther Wachsmuth mit seinem Bruder und seiner Schwester sich frei austoben; die Kinder halfen bei der Ernte, bei den Geburten von Jungtieren, lernten Reiten und Jagen, waren Teil einer gesunden Lebensgemeinschaft von Menschen, Tieren und Pflanzen in einer traditionsreichen Kulturlandschaft.

Die Erziehung der Kinder lag seit dem Tod des Vaters allein bei der Mutter. Von allem Neuen begeistert, probierte sie das jeweils Fortschritt-lichste in Erziehung und Gesundheit an ihnen aus, förderte aber zugleich eine ausgezeichnete Bildung und Weltoffenheit. Im Herbst 1912 legte Guenther Wachsmuth in Langensalza das Abitur ab, und nach einer Ägyptenreise mit seiner Mutter folgten zwei Semester Studium in Oxford. Seine Mutter heiratete erneut und zog nach München, wo Guenther Wachsmuth 1914/15 sein Jurastudium fortsetzte.

Mit Kriegsausbruch im August 1914 meldete sich Guenther Wachsmuth als Kriegsfreiwilliger und wurde bei seinem Einsatz in Russland auf einem Patrouillen-Ritt durch den Säbelhieb eines Kosaken am linken Arm verletzt, der nie wieder voll bewegungsfähig wurde. Als Ordonnanzoffizier entdeckte er seine Fähigkeiten in der Bewältigung schwieriger organisato-rischer Aufgaben. Nach dem Krieg nahm er sein Studium in München wieder auf und schloss 1919 mit der Promotion (Dr. jur.) in Würzburg ab.

Die von ihm sehr verehrte Mutter war 1902 in die Deutsche Sektion der *Theosophischen Gesellschaft* eingetreten und 1912/13 Rudolf Steiner in die *Anthroposophische Gesellschaft* gefolgt. Weihnachten 1919 arrangierte sie ein Gespräch zwischen Rudolf Steiner und ihrem Sohn Guenther, was dessen ganze Begeisterungskraft entzündete.

Im April 1921 siedelte er nach Dornach um und begründete zusammen mit Ehrenfried Pfeiffer das Forschungslaboratorium am Goetheanum in den Kellerräumen des Glashauses. Ein Jahr später gab Rudolf Steiner Wachsmuth und Pfeiffer Aufgaben zu ersten Versuchen mit den Präparaten für die Landwirtschaft.

Eine entscheidende Wende für Guenther Wachsmuth brachte der Brand des ersten Goetheanum. Er kam Rudolf Steiner viel näher, wurde ihm wie ein persönlicher Assistent. Er besorgte ihm Literatur, organisierte seine Reisen und begleitete ihn, sorgte umsichtig für seinen Schutz und setzte sich 1923 aktiv für den Wiederaufbau des Goetheanum ein. Rudolf Steiner lernte Wachsmuths Fähigkeiten und Energie kennen und schätzen und schlug den gerade 30-Jährigen bei der Begründung der *Allgemeinen Anthroposophischen Gesellschaft (AAG)* 1923/24 als Vorstandsmitglied, Schatzmeister und Sekretär vor.

Seit Weihnachten 1923 widmete sich Guenther Wachsmut den komplexen Aufgaben innerhalb der Gesellschaft sowie dem Bau und der Erhaltung des Goetheanum. Nach dem Tod von Rudolf Steiner konnte durch seinen Einsatz der Bau des zweiten Goetheanum vollendet werden sowie die Gesellschaft wirtschaftlich während der schwierigen Zeit interner Auseinandersetzungen und des Zweiten Weltkrieges in ihrem Bestand erhalten bleiben. Zudem war er Leiter der Naturwissenschaftlichen Sektion und setzte sich energisch für die Entwicklung der biologisch-dynamischen Landwirtschaft und ihren Zusammenhang mit der *Freien Hochschule für Geisteswissenschaft* ein. Neben seinen organisatorischen Leistungen ist vor allem seine Auffassung über das Verhältnis von Geisteswissenschaft und Naturwissenschaft charakteristisch für eine ganze Phase anthroposophischer Arbeit. Guenther Wachsmuth erfüllte die ihm übertragenen Aufgaben bis zu seinem Lebensende mit unbedingtem Einsatz, organisatorischem Geschick und einer nie erlahmenden Initiativkraft.

Getragen durch weltmännische Vielsprachigkeit und seine Begeisterung für die Sozialreformen Rudolf Steiners, wurde Adams in jungen Jahren ein genialer Übersetzer von Vorträgen Rudolf Steiners in England. Mit seinen im Studium der theoretischen Physik, Chemie und projektiven Geometrie erworbenen Fähigkeiten steuerte er wegweisende Forschungsergebnisse für die anthroposophisch erweiterten Naturwissenschaften bei.

Der Vater, Georg von Kaufmann, australischer Nationalität und deutscher Herkunft, war ein Pionier der Ölindustrie. Die Mutter war eine geborene Adams aus England. Kurze Zeit nach der Geburt von George zog die Familie nach Solotwina bei Stanislawow in den Vorbergen der Karpaten. Die Eltern trennten sich um 1897, und die Mutter kehrte nach England zurück. Er sah sie erst in den 1930er-Jahren wieder, kurz vor ihrem Tod. In den Kriegswirren des Jahres 1940 nahm er den Mädchennamen seiner Mutter an.

George war ein schüchterner und melancholischer Junge; er wuchs mehrsprachig auf, insbesondere mit Englisch, Deutsch und Polnisch.

George Adams
(eigentlich von Kaufmann)
Mathematiker, Übersetzer

* 08.02.1894 Maryampol/Ostgalizien
(damals Österreich-Ungarn)
† 30.03.1963 Edgbaston bei
Birmingham (England)

Abb. 21a

Englische Gouvernanten besorgten die Erziehung der drei Geschwister, und eine junge Deutsche an der Seite von Georges Vater bescherte ihnen eine glückliche Kindheit mit intensiven Naturerlebnissen.

Ab 1905 lebte George in einem Internat in England und reiste in allen größeren Ferien allein nach Galizien zu seiner Familie. 1915 schloss er mit einem glänzenden Diplom (Bachelor of Arts) ab.

Um 1914 lernte er die Geheimwissenschaft von Rudolf Steiner kennen und trat der Londoner Emerson-Gruppe der Anthroposophischen Gesellschaft bei. Als Kriegsdienstverweigerer traf er Mary Fox, die der Gesellschaft der Quäker angehörte. Sie wurde 1920 seine Frau und arbeitete viele Jahre als Bibliothekarin und Übersetzerin im Rahmen der Anthroposophischen Gesellschaft in London. Im Jahr seiner Verheiratung nahm George an der Eröffnungstagung des ersten Goetheanum-Baus teil.

In den 20er-Jahren wurde er neben zahlreichen Gesprächen bei etwa 110 Vorträgen Rudolf Steiners als direkter Übersetzer in freier Rede beigezogen, was er mit seiner außerordentlichen Sprachfähigkeit brillant meisterte. Später wirkte er bei vielen Übersetzungen von Werken Steiners mit, oft zusammen mit seiner Frau Mary.

George erlebte den Brand des ersten Goetheanum-Baus an der Jahreswende 1922/23 und nahm an der Weihnachtstagung zur Neubegründung der Anthroposophischen Gesellschaft 1923/24 teil.

Rudolf Steiner fand immer warme Worte für das Engagement und Übersetzungstalent von George Adams und bezeichnete diese Aufgabe als „großes Opfer". Mit drei Abschnitten konnte George die mehr als einstündigen Vorträge von Rudolf Steiner in perfektem Englisch und freier Rede anhand von spärlichen Notizen wiedergeben.

„Die Aufgabe, Bücher, Schriften und Vorträge von Rudolf Steiner in eine andere Sprache zu übersetzen, wird noch zahlreiche Generation beschäftigen. (…) Heute (1951) ist die Anthroposophie für das Leben von Menschen weltweit eine Grundlage des aktiven Lebens. Von Honolulu im Westen bis nach Südafrika, Australien und Neuseeland im Osten gibt es Gruppen von Menschen, die zu Rudolf Steiners Leben und Werk stehen. Auch in diesem Jahr macht die Geisteswissenschaft gute Fortschritte." (Guenther Wachsmuth: „Rudolf Steiners Erdenleben und Wirken", Philosophisch-Anthroposophischer Verlag am Goetheanum, Dornach 1951.)

Ehrenfried Pfeiffer wurde am gleichen Tag geboren, an dem das Kali Yuga – die fünftausend Jahre dauernde Epoche geistiger Finsternis – zu Ende ging: am 19. Februar 1899.

Als er fünf Jahre alt war, starb sein Vater, und seine Mutter zog nach Nürnberg, wo Ehrenfried vorwiegend bei den Großeltern mütterlicherseits aufwuchs.

Seine Mutter schloss sich dem anthroposophischen Kreis Rudolf Steiners an, hörte seine Vorträge und gründete zusammen mit ihrem zweiten Ehemann, dem Anthroposophen Theodor Binder, einen eigenen Zweig. Rudolf Steiner verkehrte gelegentlich im Elternhaus. Als Ehrenfried einmal akut erkrankte, führten seine medizinischen Ratschläge zur Heilung. Von Rudolf Steiner erhielt Ehrenfried auch ein Kindergebet, das ihm half, seine Angst vor der Umwelt zu überwinden.

Rudolf Steiner riet Ehrenfrieds Mutter eindringlich dazu, dem Sohn gegenüber niemals von Anthroposophie zu sprechen, noch ihn in dieser Richtung zu beeinflussen. Der Junge sollte seinen geistigen Weg ganz alleine finden.

Im Alter von 13 Jahren gehörte Ehrenfried zu den Konfirmanden, die vom evangelischen Pastor Friedrich Rittelmeyer unterrichtet wurden. Von ihm lernte Ehrenfried die Wertschätzung wahrer Menschlichkeit. Ehrenfried blieb in Nürnberg, als seine Mutter mit seinem Stiefvater 1913 nach Stuttgart übersiedelte. Der Großvater, von Beruf Apotheker, vermittelte dem jugendlichen Enkel seine ausgeprägte Liebe zur Natur sowie ein Interesse an heilenden Substanzen und führte ihm chemische Experimente vor. Ehrenfrieds starke Kurzsichtigkeit machte ihn früh mit der Einsamkeit vertraut. So durchstreifte er die Natur, beobachtete die Landschaft, den Fluss, die Pflanzen, die Tiere, und er machte Bekanntschaft mit Elementarwesen. Später sagte er einmal: „Diese Impulse prägten mein ganzes, so reiches Forscherleben.“

Seine starke seelische Verbindung zur Musik, im Zusammenhang mit einem absoluten Gehör, legte es nahe, dass Ehrenfried Pfeiffer einmal Musiker werden sollte. Doch trotz großer musikalischer Begabung (er spielte Klavier und Geige) endete der Besuch des Konservatoriums mit keinem Abschluss. So blieb die Musik ihm zeitlebens ein Bereich unerfüllter Sehnsucht.

Ehrenfried Pfeiffer[30]

*Chemiker, Forscher (Kristallisationsme-
thode, Lebensmittelqualität, dynamische
Landwirtschaft), Erfinder, Vortragender*

* 19.02.1899 München (Deutschland)
† 30.11.1961 Spring Valley, NY (USA)

Abb. 21b

Nach dem Ersten Weltkrieg studierte er an der Technischen Hochschule Stuttgart Elektrotechnik und technische Physik. Durch Carl Unger fand er dann – unabhängig von seinen Eltern – einen Zugang zu Rudolf Steiners Werk.

Als Rudolf Steiner 1919 Theodor Binder mit der finanziellen Organisation der Goetheanum-Bauleitung beauftragte, kam Ehrenfried Pfeiffer zum ersten Mal nach Dornach. Wegen seiner Erfahrungen als Werk- und Technologiestudent übertrug ihm Rudolf Steiner die Konzeption und Einrichtung der Bühnenbeleuchtung sowie der Lüftung des ersten Goetheanum. Ehrenfried Pfeiffer schrieb dazu in seiner englischen Autobiografie auf deutsch: „Ich wusste, hier ist deine Heimat, was in dir lebte als Traum-Geisteswelt deine Jugend hindurch, was deine Ideale und dein Streben zur Manifestation derselben in der physischen, rauen sogenannten Wirklichkeit der Erdenwelt sind – das alles hat hier eine Heimatstätte gefunden. Du bist auf der Erde angekommen und erwacht. Ich war zwei Monate vor meinem 21. Geburtstage angelangt."[31]

Von 1920 bis 1925 belegte Ehrenfried Pfeiffer an der Baseler Universität Studienkurse in Mineralogie, physikalischer Chemie (auf Anraten von Rudolf Steiner), Botanik, Pflanzengeographie, Ökologie, Handelsgeschichte und -wissenschaft sowie Psychologie. Es war ein unglaublicher Spagat, den er zwischen der Arbeit am Goetheanum und dem Studium leistete.

Kapitel 4

EURYTHMIE ALS NEUE BEWEGUNGSKUNST

„Das Künftige ruhe auf Vergangenem."
Rudolf Steiner – Wahrspruchworte (GA 40)
Auszug „Tierkreis-Stimmungen": *Steinbock* (Januar)

Ab 1908 entwickelte Rudolf Steiner die Bewegungskunst Eurythmie, die ihren Namen am 27. September 1912 bekam während eines Bewegungskurses, den Marie Steiner-von Sivers ihrer Schülerin Lory Smits im Schweizer Bottmingen gab. Tanzgeschichtlich kann die Entstehung von Eurythmie im Zusammenhang mit der Revolutionierung

von Tanztheater und des Körperbewusstseins zu Anfang des zwanzigsten Jahrhunderts gesehen werden. Das umfangreiche Repertoire an Gestaltungsmitteln – Gesten, Farben, Figuren, Raumformen – erschließt sich letztlich allein aus der anthroposophischen Weltanschauung Rudolf Steiners. „In jener Zeit zeichnete Rudolf Steiner noch alle die Formen, welche die Künstler bei der Darstellung von Werken der Musik

Abb. 22
Eurythmische Form
für den Buchstaben „A".

oder Dichtung in der Eurythmie gestalteten, und machte ihnen die Bewegungen häufig selber vor. Viele dieser Skizzen und Zeichnungen Rudolf Steiners sind aus jenen ersten Jahren erhalten und dienen den ausübenden Künstlern noch heute zur Schulung und Ausführung."[32]

Marie Steiner-von Sivers schreibt in ihrem Vorwort zum Kurs *Eurythmie als sichtbare Sprache* (GA 279): „(...) Die Eurythmie war eins der liebsten Geisteskinder Rudolf Steiners. Aus kleinen Anfängen heraus entwickelte sie sich ganz organisch, Trieb an Trieb ansetzend, zu einem kräftigen Stamm, dank der ihr eigenen gesunden Lebensfülle

Abb. 23
Eurythmische Form für
die Stimmung „Lieblichkeit".

Abb. 24
Eurythmische Form für
die Stimmung „Moll".

und dem Arbeitseifer ihrer Vertreter. Sie veredelte denjenigen, der sich ihr hingab, sie zwang ihn immer mehr, das Persönliche abzulegen; zur Willkür war in ihr kein Raum. Die ihr innewohnende Gesetzmäßigkeit entsprang geistigen Notwendigkeiten; man erkannte diese willig an, denn in ihnen erlebte man Notwendigkeit, erlebte man Gott. (...) Neben der Rezitation griff sie befruchtend ein in die Musik und eröffnete ihr neue Wege und Ausdrucksmöglichkeiten; eine neue Beleuchtungskunst entstand, eurythmischen Stilgesetzen folgend, eine vereinfachte, veredelte und der Willkür enthobene Bekleidungskunst, auf Grund von Farbenstimmungen, Farbeneurythmie. (...) Die Darstellung des Hereinwirkens vom Übersinnlichen und Untersinnlichen in das Erdenleben wurde nun möglich. So hatten wir im Laufe der Jahre auf der Bühne, die in der großen Schreinerei des Goetheanum entstanden war, fast alle Szenen aus Faust durcharbeiten können, in die das Übersinnliche hereinspielt."

Die Mittel eurythmischer Darstellungen sind Formen und Gebärden, zu denen als Ausdruck des vorgelesenen Textes (Gedichte, Sonette, Sprüche etc.) fünf Vokale, 15 Konsonanten und 15 Stimmungen, darunter Dur und Moll, gehören. Durch eurythmisierte Buchstaben können Namen getanzt werden, was bekanntermaßen die Schüler in den Waldorfschulen gerne ausführen.

Eurythmie macht durch die Körperbewegung äußerlich sichtbar, was als objektive innere ätherische und seelische Bewegung in Sprache und Musik lebt. Wenn der Mensch spricht oder singt, leben sich diese Bewegungen physisch nur im Kehlkopf und den angrenzenden Sprach- und Gesangsorganen aus; Eurythmie metamorphosiert diese zur lebendigen Bewegung des ganzen menschlichen Leibes im Raum. Sinngemäß kann zwischen Lauteurythmie und Toneurythmie unterschieden werden. Später entwickelte sich ergänzend für die Bühnenkunst auch die Lichteurythmie. Zur rein künstlerischen Eurythmie gesellen sich die pädagogische Eurythmie und die Heileurythmie als weitere spezielle Disziplinen. Die pädagogische Eurythmie, wie sie in den Waldorfschulen geübt wird, fördert die harmonische Entwicklung des heranwachsenden Menschen. Die Heileurythmie unterstützt den Heilprozess, indem sie die durch die eurythmisch geordnete Körperbewegung harmonisierend auf die innere organische Tätigkeit zurückwirkt.

„Obwohl die Eurythmie ihre therapeutischen Kräfte in den Rudolf-Steiner-Schulen sowie in den heilpädagogischen Heimen hinlänglich erwiesen hat, ist man heute doch noch weit entfernt, sie als einen Kulturfaktor zu würdigen. Auf die Frage ‚Was wäre zum Beispiel das rechte Heilmittel gegen die seelenverödende Wirkung der mechanisierten Arbeit?‘ antwortete Rudolf Steiner: ‚Die Eurythmie. Sie müsste in den Betrieben eingeführt werden, so dass der Arbeiter einen Ausgleich und Gesundungsimpuls aufnehmen könnte.‘“ (Zit. Fred Poeppig: *Schicksalswege zu Rudolf Steiner*, 1955, S. 90)

Für den Sitz der ersten Ausbildungsstätte der Eurythmie wünschten sich Rudolf Steiner und Marie Steiner-von Sivers eine kulturell lebendige Großstadt. Die Studierenden sollten sich in die Eurythmie vertiefen und gleichzeitig den Austausch und die Auseinandersetzung mit anderen künstlerischen Strömungen pflegen. 1921 wird Alice Fels mit dieser Aufgabe betraut, sie entscheidet sich für Stuttgart. 1923 wird die Schule offiziell eröffnet, 1924 kann das nach Plänen von Rudolf Steiner gebaute Eurythmeum[33] eingeweiht werden. Es besteht bis heute.

Eurythmie kann in unseren Tagen an verschiedenen Instituten in einer fünfjährigen Berufsausbildung erlernt werden. In Deutschland besteht seit dem Jahr 2006 an der Alanus Hochschule in Alfter/NRW* ein offizieller, international akkreditierter akademischer Lehrstuhl für Eurythmie.[34]

Von den seinerzeit in Dornach Eurythmie einübenden jungen Männern (z. B. Edwin Froböse, Fred Poeppig, Ralph und Willy Kux) wurde Rudolf Steiner gefragt, ob es auch Männern möglich sei, sich der neuen Bewegungskunst zu widmen. Darauf antwortete er mit einem bestimmten „Ja“. Denn: „Eurythmie ist eine umfassende Kunst, die durch ihr eigenes Wesen stets neue Formen des Ausdrucks zu schaffen fähig ist.“

---

* Die Alanus Hochschule in Alfter/NRW wurde 2002 gegründet. Augenblicklich lassen sich ca. 400 weibliche und männliche Eurythmie-Studierende von 35 ProfessorInnen ausbilden. Der Namensgeber der Hochschule ist der Philosoph und Theologe Alanus ab Insulis (um 1114 bis 1203), der an der Schule von Chartres lehrte. Die Zulassung zum Kunststudium ist an eine vorherige Eignungsprüfung gebunden. Zum Studium gehört die pflichtmäßige Teilnahme an geistes- und kulturwissenschaftlichen Lehrveranstaltungen im Studium Generale. Diese Angebote dienen der Ergänzung der fachspezifischen Angebote. Weiterhin werden Masterstudiengänge in Pädagogik, Kunsttherapie und Eurythmie angeboten. Dem Kreis der wirtschaftlichen Förderer der Hochschule gehören u. a. an: Alnatura, Deutscher Akademischer Austauschdienst (DAAD), dm-drogerie markt, Iona, Stichting Amsterdam, Software AG Stiftung.

Eine für die Eurythmie geeignete musikalische Begleitung war eines der Anliegen von Rudolf Steiner. So hatte er bereits in den Anfängen ein der antiken Kithara nachempfundenes Saiteninstrument bauen lassen. Als Edmund Pracht (1883 bis 1951) im Jahr 1923 Mitglied der Wächtergruppe an der Brandruine des ersten Goetheanum wurde, hatte er bereits in Berlin mehrere Begegnungen mit Rudolf Steiner und seiner Geisteswissenschaft. Als vielseitiger Künstler begleitete er in Dornach zunächst die Eurythmie am Klavier. Durch die Vertiefung und das Erüben der musikalischen Elemente konnte er 1925 die erste Leier skizzieren – nach seiner eigenen Schilderung – ohne Anlehnung an historische Vorbilder.

In seinem inneren Blick entstand der Entwurf, indem sich die Bestandteile des Klaviers auflösten, sodass nur noch Saiten und Resonanzkörper übrig blieben. Lothar Gärtner (1902 bis 1979), der 1922 Dornach besuchte und das Goetheanum noch wenige Wochen vor dem Brand erlebte, traf Edmund Pracht dort in der Wächtergruppe. Ausgehend von der einfachen Skizze seines Freundes kam Lothar Gärtner über das Prinzip von Yin und Yang, das ihn schon seit seiner Kindheit fasziniert hatte, die Grundidee der ein- und ausatmend verlaufenden rhythmischen Kreisteilung. In der Nacht vom 5. zum 6. Oktober 1926 schuf er die erste Gärtner-Leier in ihrer runden Form. Lothar Gärtner und Edmund Pracht wurden damit die geistigen Väter dieses völlig neuartigen Instruments. Sie beschlossen, ihre Arbeitskraft künftig ganz der Anthroposophie zu widmen. So nahmen beide in Dornach 1924 auch an Rudolf Steiners Toneurythmiekurs „Eurythmie als sichtbarer Gesang" (GA 278) teil.

Ita Wegman, die erste anthroposophische Ärztin, war von der neuen Leier so begeistert dass sie sich für die Einführung der bald in verschiedenen Stimmlagen gebauten Instrumente in die heilpädagogische Arbeit einsetzte.

1938 legte Lothar Gärtner in Konstanz die Meisterprüfung ab und erreichte so die Etablierung des Leierbaus als eigenständiges Handwerk.

1955 veröffentlichte Edmund Pracht seine *Einführung in das Leierspiel*. Der Inspirationsstrom, dem auch die Leier zu verdanken ist, trug dem kompositorischen Autodidakten Edmund Pracht Melodien zu, die bis heute gesungen und gespielt werden („Über Sterne, über Sonne...", „O unbesiegter Gottesheld, Sankt Michael ...", „Marjatta" und viele andere). 1961 entstand durch Julius Knierim (1919 bis 1999) die Initiative *Kreis der lehrenden Leierspieler*.

Abb. 25   Titel des Plakats: Studientag zur Toneurythmie mit Leier mit dem Eurythmie-Ensemble-Festival am Goetheanum (16. bis 18. 10. 2020).*

* Das Schweizer Lichteurythmie Ensemble mit Sitz in Arlesheim – unter der Leitung von Thomas Sutter – wurde im Jahr 2000 gegründet. https://www.eurythmie.com/index.php/de/ensemble - licht@eurythmie.com

Bis heute werden neben den vielfältigen Gärtner-Modellen Leiern gebaut und weltweit gespielt, darunter z. B. Choroi-Leiern, Saiteninstrumente Salem (Horst Nieder), Marius-Leierbau (Andreas Lehmann), SaitenInstrumentenBau (Manfred Joecks), Martin Nies-Leierbau, Auris-Leiern oder die Höhenberger Kinderleiern.

„Rudolf Steiner hat sich in seinen Vorträgen auch den geistigen Gesetzen des Musikalischen zugewandt (z. B. GA 283). Damit schenkte er für die Musik den Empfangenden und Ausübenden das Erkenntnismaterial und gab Einblicke, was im Menschen beim Übergang vom Quinten- zum Terz-Erlebnis, zur Oktaven-Empfindung geschieht. Er erläuterte die Einflüsse auf den Nervenmenschen, den rhythmischen Menschen und den Gliedmaßenmenschen und die Wohltaten der Dur- und Mollstimmungen für die Seelenkräfte des werdenden Menschen. Den schöpferischen Musikern zeigte er den Weg, durch die Ausbildung der Kräfte der Imagination, Inspiration und Intuition in unserer Zeit wiederum den Zugang zu den geistig produktiven Sphären des Musikalischen, zum Urquell der Komposition zu finden."[35]

Unter den ersten Komponisten eurythmischer Bühneninszenierungen waren Leopold van der Pals (1884 bis 1966) und der aus den Niederlanden stammende Jan Adriaan Stuten (1890 bis 1948).

Es folgen Kurz-Biografien von drei Eurythmistinnen, die in der ersten Zeit eng mit Rudolf Steiner und Marie Steiner-von Sivers zusammengearbeitet haben. Es sei auf das ausführliche Buch *Eurythmie – Entstehungsgeschichte und Porträts ihrer Pioniere* von Martina Maria Sam[36] verwiesen. In 22 Kapiteln erfährt der Leser von den wichtigsten Stationen der frühen Eurythmiegeschichte von 1912 bis 1925 und in über 90 biografischen Porträts werden die ersten Eurythmisten in Wort und Bild vorgestellt. Weitere Literatur-Empfehlungen sind im ANHANG dieses Buches zu finden.

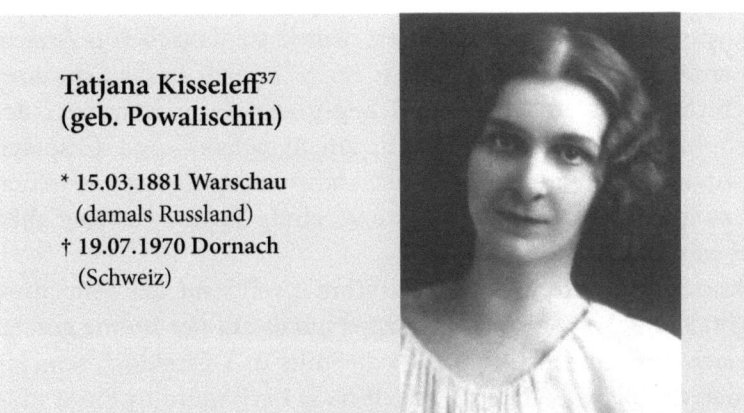

Tatjana Kisseleff[37]
(geb. Powalischin)

* 15.03.1881 Warschau
(damals Russland)
† 19.07.1970 Dornach
(Schweiz)

Abb. 26

Tatjana Kisseleff begegnete 1911/12 erstmals Rudolf Steiner und erfuhr von ihm sogleich ihre große Lebensaufgabe. 1914 wurde sie von ihm nach Dornach gerufen, um hier die Eurythmie aufleben zu lassen. Die noch etwas Zögernde drängte er mit solchen Worten:

„Sie können die Eurythmie vor der ihr drohenden Seelenlosigkeit bewahren und ihren wahren geistigen, sakralen Hintergrund erhalten."

Tatjana Kisseleff hatte bis 1927 die gesamte Verantwortung für alles Eurythmische am Goetheanum. Den Zuschauern ist sie als eine ganz besondere Künstlerin in Erinnerung geblieben.

Nach dem frühen Tod von Tatjanas Vater war die Mutter, eine lebhafte, musisch begabte Frau, mit ihren beiden Kindern nach St. Petersburg zu den Großeltern gezogen, wo sie eine glückliche Kindheit erlebten. Tatjana erhielt eine umfangreiche Bildung und hatte auch in französischer und deutscher Sprache mit einem Lehrerdiplom abgeschlossen.

Danach absolvierte Tatjana Kisseleff noch eine Ausbildung als technische Zeichnerin, um ihrem Bruder beim Ingenieurstudium zu helfen. Ihre musikalische Begabung erweckte in ihr den Wunsch, tanzend und sich rhythmisch bewegend Ausdrucksmöglichkeiten zu finden. Ihr Weg führte sie 1904 aber zunächst nach Lausanne, Paris und Italien zu einem Studium der Rechte, Sozialwissenschaften und Sozialtherapie. Nach Russland zurückgekehrt, heiratete sie den Kunstmaler Nikolai Kisseleff. Mit ihm und anderen Gleichgesinnten landete sie unschuldig im zaristischen Gefängnis. Aus Krankheitsgründen schnell entlassen, wurde sie danach von Ärzten, die keinen anderen Rat wussten, 1911 zu einer Liegekur in die Schweizer Berge geschickt. An Weinachten 1911 begegnete sie in Hannover der Anthroposophie und Rudolf Steiner. In einem persönlichen Gespräch wurde sie von Rudolf Steiner gebeten, die Anthroposophie den russischen Menschen zu übermitteln. Anfangs bestürzt, ahnte Tatjana Kisseleff aber, dass es dies war, was sie gesucht hatte.

Nach kurzer Einführung in die Eurythmie während der Münchner Festspiele 1912 und 1913, als diese Kunst erstmals auf der Bühne gezeigt wurde, danach Vertiefung bei Lory Maier-Smits in Düsseldorf, schickte Marie Steiner-von Sivers Tatjana Kisseleff nach Berlin, um in Eurythmie zu unterrichten. Bald wurde sie aber nach Dornach berufen.

Dann begann sie sogleich, Erwachsene und Kinder zu unterrichten und erhielt selbst noch wochenlang fast täglich Unterricht von Rudolf Steiner, zu dem sich bald auch Marie Steiner-von Sivers gesellte. An der Seite dieser befähigten Regisseurin erwuchs in Tatjana Kisseleff eine einmalige Interpretin. Ob sie Spirituelles, Dramatisches oder Humoristisches auf die Bühne brachte, immer erstaunte und erfreute sie die Zuschauenden. Die erste öffentliche Aufführung erfolgte unter Tatjana Kisseleffs Leitung im Februar 1919 in Zürich. Danach ging die junge Eurythmiegruppe zu vielen auswärtigen Gastspielen auf Reisen in Europa. Bei diesen Schritten in die Öffentlichkeit mussten die Künstler neben Anerkennung, Begeisterung und Dank auch viele Anfechtungen, Hass und Widerwärtigkeiten hinnehmen.

Ostern 1924 eröffnete Tatjana Kisseleff auf Anregung von Rudolf Steiner die erste Eurythmieschule in Dornach. Nach Rudolf Steiners Tod verließ sie im Jahr 1927 ihre Dornacher Aufgabe, weil unter ihren ehemaligen Schülerinnen – dann Kolleginnen – Bestrebungen aufkamen, die Eurythmie anders handhaben, einer geänderten Zeit neu anpassen zu wollen. Um wenigstens den russischen Emigranten in Paris Anthroposophie und Eurythmie zu bringen, gründete sie wieder eine Eurythmieschule. Doch Unverständnis für ihre Art und egoistische Bestrebungen machten ihr auch dort das Leben schwer, sodass Marie Steiner-von Sivers sie 1938 nach Dornach zurückrief. Dort arbeitete sie nun mit Schauspielern und half Marie Steiner-von Sivers bei den Inszenierungen von Goethes *Faust* und anderen Dramen. Auch schrieb sie auf Bitten von Marie Steiner-von Sivers ihre Erinnerungen an die Eurythmiearbeit mit Rudolf Steiner[38].

Im Jahr 1949 wurde sie zu einer sozialwissenschaftlichen Tagung nach Malsch (Landkreis Karlsruhe) gerufen. Seit dieser Zeit arbeitete sie bis zu ihrem Tod dort mit Kindern, Laien und Eurythmisten. Zu den Jahresfesten veranstaltete sie eine Fülle eurythmischer Aufführungen, bei denen sie stets bemüht war, diese, wie einst in Dornach, auf ein hohes künstlerisches Niveau zu bringen, auch wenn sie immer wieder betonte, dass die Eurythmie noch ganz am Anfang stehen würde.

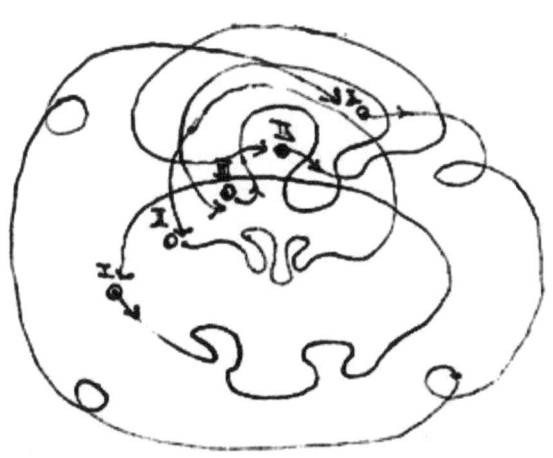

Formationszeichnung für
fünf EurythmistInnen.
Die Skizze wird Rudolf
Steiner zugeschrieben.

Eleonore (Lory)
Clara Maria Maier-Smits[39]

* 06.03.1893 Höntrop, Westfalen
  (Deutschland)
† 19.09.1971 Laufenburg/Rhein
  (Deutschland)

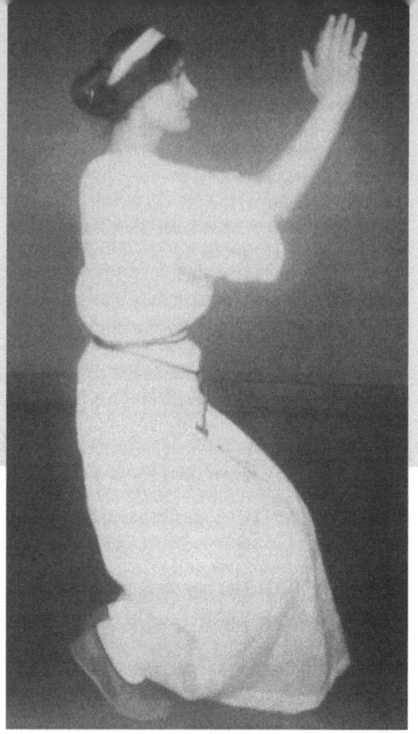

Abb. 27
Lory Smits mit
der Seelengeste
„Ich schaue auf"
(1913).

Lory Smits wurde in eine der Theosophie zugewandten Familie geboren. Auf Initiative der Mutter hielt Rudolf Steiner von 1904 an Zweigvorträge im Hause Smits in Düsseldorf. Als Lory 1907 einmal an der Türe horchte, holte sie Rudolf Steiner herein; von da an durfte sie alle seine Vorträge besuchen. 1910 zog die Familie nach Haus Meer (heute Meerbusch) in Nordrhein-Westfalen.

Am 28. November 1911 starb der Vater unerwartet an Herzversagen. Die Mutter bemühte sich nun alleine um die Erziehung ihrer sechs Kinder. Als Lory nach einem bewegungsfreudigen Beruf Ausschau hielt, sprach die Mutter mit Rudolf Steiner. Er erklärte sich gerne bereit, ihre Tochter in eine auf anthroposophischer Grundlage basierende Bewegungskunst einzuführen.

Zwei Jahre lang widmete sie sich mit größter Intensität der Aufgabe, das Neue allein und voll verantwortlich auszuarbeiten und es dann innerhalb der *Anthroposophischen Gesellschaft* durch Aufführungen, Orientierungs- und Ausbildungskurse weiterhin bekannt zu machen. Sie bereitete damit der jungen Kunst eine Grundlage, auf der diese (auch während des Ersten Weltkrieges 1914 bis 1918) weiter bestehen und von Rudolf Steiner weiterentwickelt werden konnte.

In neun Unterrichtsstunden erhielt Lory Smits die ersten Unterweisungen von Rudolf Steiner für die Bewegungen zum gesprochenen Wort (September 1912) im Beisein der Mutter Clara Smits, Mieta Waller und Marie Steiner-von Sivers. Danach arbeitete die 19-jährige Lory sieben Monate lang wieder ganz alleine auf sich selbst gestellt. Sie bewegte das Neuartige so einfühlsam in ihrer Seele und gestaltete es zu Gebärden, dass sie am 26. April 1913 in Haus Meer das Ergebnis ihres Übens in einer überzeugenden Eurythmie-Aufführung Rudolf Steiner und einigen Gästen zeigen konnte. Die Stimmung war gelöst und festlich, als Rudolf Steiner Lorys Arbeit lobte, ihr wunderschöne neue Anweisungen gab, ihr freudig dankte und sie bat, das Ganze im August in München zu zeigen. Beschwingt, gekonnt und vielseitig präsentierte Lory Smits am 28. August 1913 die eurythmische Einstudierung des „Sylphengeisterchors". Die Eurythmie wurde öffentlich.

Lory Smits reiste von München direkt nach Stuttgart und an weitere Orte, gab Kurse für Erwachsene und Kinder. Oktober 1913 begann sie einen Ausbildungskurs für sechs Teilnehmerinnen, mit denen sie zwei Aufführungen in Köln und Berlin gab. Als sie von einem vierwöchigen Aufenthalt in London nach Hause kam, hatte sie große Pläne. Doch der Beginn des Ersten Weltkrieges machte diese zunichte. Auch die anderen Eurythmisten erlebten Einschränkungen. In dieser Lage entschloss sich Marie Steiner-von Sivers die Verantwortung für Pflege und Weiterentwicklung der jungen Kunst zu übernehmen. Im August und September 1915 gab sie den Eurythmistinnen Lory Smits, Erna van Deventer-Wolfram, Elisabeth Baumann-Dollfus und zwei Gästen 17 reichhaltige Unterrichtsstunden. Am 31. Mai 1917 fand die Hochzeit von Lory Smits und Alfred Maier statt.

Anfang März 1918 bat Marie Steiner-von Sivers Lory Maier-Smits, zu Aufführungen nach Berlin zu kommen. Als sie dort mit der Nachricht, dass sie ein Kind erwarte, eintraf, gab ihr Rudolf Steiner den Rat, jede eurythmische Bewegung zu unterlassen. Sie fuhr nach Stuttgart zurück. Im November kam ihre erste Tochter zur Welt.

Von April bis Juli 1919 leistete Rudolf Steiner in Stuttgart großen Einsatz, die Idee der *Dreigliederung des sozialen Organismus* bekannt zu machen. Marie Steiner-von Sivers arrangierte fünf große Eurythmie-Aufführungen in Deutschland. Lory Maier-Smits war freudig dabei. – Im August 1920 kam ihre zweite Tochter zur Welt.

Ilona Schubert-Polzer gehörte zu den ersten prägenden Eurythmistinnen der Goetheanum-Bühne. Mit sonnigem Enthusiasmus begeisterte sie sich für alles, was mit Anthroposophie und Kunst zu tun hatte.

Schon bald nach ihrer Geburt starb ihre aus Ungarn stammende Mutter. Der Vater, selbst Holländer, war Direktor einer Mannheimer Bank und heiratete einige Zeit später eine Bildhauerin, die Ilonas zweite Mutter wurde. Das großbürgerliche Haus der Bögels war Mittelpunkt gesellschaftlicher Veranstaltungen von hohem kulturellem Niveau.

Von frühester Kindheit an entwickelte Ilona eine Liebe zur Musik und bewegte sich besonders gerne. Mit fünf Jahren erhielt sie ihren ersten Tanzunterricht. – Im Internat in Weimar begeisterte sich Ilona für das Werk Goethes, was sie auch in Briefen nach Hause zum Ausdruck brachte. Ihre Mutter war über die Leiterin des Mannheimer Anthroposophischen Zweiges mit Rudolf Steiner befreundet und zeigte ihm einen dieser Briefe. Daraufhin sandte er der kaum 18-jährigen Ilona eine Mitgliedskarte der *Anthroposophischen Gesellschaft*.

Sie besuchte häufig Vorträge von Rudolf Steiner und studierte sein Gesamtwerk. Als sie die Eurythmie kennenlernte, nahm sie Eurythmie-Unterricht und bildete sich musikalisch weiter. Ein für zwei Wochen geplanter Aufenthalt in Dornach, den Ilona 1919 mit ihrer Mutter unternahm, wurde lebensentscheidend: Marie Steiner-von Sivers wusste Ilona für die Eurythmie zu begeistern, sodass sie in Dornach blieb und ihre Ausbildung gleich begann. Rudolf Steiner zeichnete ihr einige Eurythmie-Formen, so zum Beispiel den „Schmetterling" nach einer Musik von Edward Grieg sowie einige Jugendgedichte von Goethe.

1922 schneiderte Ilona Bögel mit ihrer Mutter und Frau Helene Röchling nach Rudolf Steiners Angaben die allerersten Priesterkleider für die Christengemeinschaft.

1923 heiratet Ilona Bögel den Grafen Joseph Polzer. Wenig später kommt der gemeinsame Sohn zur Welt. Seine Taufe war die erste der Christengemeinschaft. Den Namen „Christward Johannes" hatte ihm Rudolf Steiner gegeben. Infolge einer Erkrankung des Grafen wurde die Ehe bald geschieden. Fünf Jahre später verband sich Ilona mit dem am Goetheanum als Lehrer und Redner tätigen Günter Schubert.

Ilona Schubert-Polzer, (geb. Bögel)[40]

* 28.03.1900 Mannheim
  (Deutschland)
† 26.20.1983 Arlesheim
  (Schweiz)

Abb. 28
Ilona Bögel als Bim in
„Bim, Bam, Bum" von
Christian Morgenstern
(1871 bis 1914).

Nach Rudolf Steiners Tod gab Ilona Schubert Eurythmie-Kurse für Laien, aber auch für Fachkollegen und verschiedene Berufsgruppen. In ihrer Autobiografie schreibt sie anschaulich über ihr eurythmisches Leben.[41]

Sie war Mitinitiatorin der *Sommertagung* in Zürich, die als freies Forum der anthroposophischen Geisteswissenschaft von Margit Schmid 1955 ins Leben gerufen wurde. In den ersten Jahrzehnten wirkten noch vielfach Schülerinnen und Schüler von Rudolf Steiner und Marie Steiner-von Sivers mit. Diese *Anthroposophischen Sommertagungen* finden bis heute alljährlich in Zürich statt.

Von den Eurythmisten, die in der ersten Zeit am Goetheanum und später bei den Aufführungen in verschiedenen Städten mitgewirkt haben, seien unter anderen fünf weitere genannt: Annemarie Dubach-Donath (1895 bis 1973), Alice Margareta Fels-Linke (1884 bis 1973), Ralph Kux (1903 bis 1965), Willi Kux (1902 bis 1976) und Fred Poeppig (auch Schauspieler) (1900 bis 1974).

Kapitel 5

BEGEBENHEITEN UNTER RUDOLF STEINERS SCHIRMHERRSCHAFT

„Willst du dich selber erkennen
Blicke in der Welt nach allen Seiten
Willst du die Welt erkennen
Schau in alle deine eigenen Tiefen."
Rudolf Steiner, 1923 (GA 230)

Einige der jungen Menschen um Rudolf Steiner hatten einen anthroposophischen Hintergrund durch ihr Elternhaus. Die meisten wurden durch Bekannte, aber auch zufällig, auf Vorträge und Literatur von Rudolf Steiner hingewiesen und dann – „wie vom Blitz getroffen" – glühende Anhänger seiner Geisteswissenschaft und bald auch Mitglieder der *Anthroposophischen Gesellschaft.*

Die meisten Menschen, die ihr Lebensweg nach Dornach geführt hat, waren zwischen 20 und 30 Jahre alt, sie befanden sich zwischen dem 4. und 5. Lebensjahrsiebt. Das bedeutete, dass die Planetenwirkung kaum mehr beobachtbar war und sie dem Kosmos keine Kräfte mehr für ihre Entwicklung entnehmen konnten, denn von diesem Zeitpunkt an muss die Bewusstseinsseele selbsttätig das verarbeiten, was sie bisher aufgenommen hat und kann gerade deswegen ihr eigenständiges Ich so richtig entfalten.

Mit teilweise extremen körperlichen Anstrengungen waren diese jungen Menschen an der Entstehung des ersten Goetheanum beteiligt. Einige blieben für immer in Dornach, Basel oder Arlesheim, andere kamen zu Studienzwecken oder Kurzaufenthalten zurück. Sie alle liebten ihren „Doktor" und waren mitunter an seiner Seite, um Unglück zu verhindern. Viele waren auch in seiner letzten schweren Zeit, als er sechs Monate aufs Krankenlager verbannt war, an seiner Seite und mussten den Schmerz durchleben, ihn viel zu früh, im Alter von 64 Jahren, zu verlieren.

Zu seinen Lebzeiten gab Rudolf Steiner seinen Schülern Anregungen und Ratschläge bezüglich ihrer Lebenspläne, der anthroposophischen

Geisteswissenschaft und des Baus des ersten Goetheanum. Zwischen einigen seiner Schüler entstanden Ehen, und Rudolf Steiner trat bei der Betreuung ihrer Neugeborenen und später deren Erziehung als überaus fachmännischer Ratgeber in Erscheinung. So entkleidete, wickelte und kleidete er einmal einen Säugling wie selbstverständlich neu, da er seiner Meinung nach viel zu kalt angezogen in seiner Wiege lag. Ein anderes Mal bedauerte er, dass er nicht schon in der Schwangerschaft mit einbezogen worden war, um auch hier hilfreiche Ratschläge zu geben.

Gerne wurden vor allem in diesen jungen Familien Rudolf Steiners Wiedereinführung von Jahresfesten begrüßt. In seinem Vortragszyklus *Der Jahreskreislauf als Atmungsvorgang der Erde und die vier großen Festeszeiten* (GA 223) sprach er in neun Vorträgen über das Wesen des Ostergedankens, über das Johannifest, das Michael-Fest als Fest des Seelenmutes und über das Weihnachtsereignis. Folgende Textstellen entstammen diesem Zyklus: „Die reinigende Michael-Kraft muss sich mit der Erdenatmung vereinigen, damit sie das Böse besiegt. Das Weihnachtsfest kann dann in der durchseelten Erde mit der Geburt des Christus-Impulses vollzogen werden, der weiter reift bis zur Osterzeit. (...) Der Christus hat sich nach der Auferstehung mit der Menschheit verbunden, er lebt seither nicht nur in außerirdischen Höhen, er lebt innerhalb des Erdendaseins. (...) Erzengel Michael ist der Wegbereiter für ein neues Erleben der Mysterien von Geburt, Grablegung und Auferstehung Christi." Außerdem führte Rudolf Steiner die Zuordnung der Erzengel zu den Jahreszeiten ein: Erzengel Gabriel als der tätigen Geistgestalt in der Winterszeit, Erzengel Raphael in der Osterzeit, Erzengel Uriel in der Sommerzeit und Michael in der Herbsteszeit.

Guenther Wachsmuth schreibt in seinen Erinnerungen an Rudolf Steiner: „Er wollte freie, selbständige Menschen um sich haben, und ich darf sagen, dass ich auf drei Kontinenten dieser Erde niemanden kennengelernt habe, in dessen Lebenssphäre man sich so völlig und ohne Einschränkung frei fühlte."[42]

In einfühlsamer, aufmerksamer und beratender Weise stand Rudolf Steiner allen Menschen seiner Umgebung zur Seite. Immer begrüßte er jeden mit Handschlag und freundlichen Worten. Er bemerkte jede Gefühlsregung, kümmerte sich um persönliche Probleme und bot Lösungen an. Auch im Krankheitsfall konnte er oft mit einfachen Ratschlägen weiterhelfen. Eines von vielen Beispielen beschreibt Margarita Woloschin in ihren Lebenserinnerungen *Die Grüne Schlange* (s. Literatur-Empfehlungen im ANHANG):

„Eines Tages bemerkte Rudolf Steiner, dass den Ingenieur etwas bedrückte, und auf seine Frage nach der Ursache des Kummers erfuhr er, dass der Augenarzt auf seinem einen Auge den grauen Star festgestellt habe, der auf das andere Auge überzugehen drohte. Die Frage, ob er eine schwere Jugend gehabt habe, musste der Ingenieur bejahen. ‚Diese Krankheit ist eine Folge davon', sagte Rudolf Steiner, ‚aber wir werden versuchen, den Prozess aufzuhalten. Auf das andere Auge wird er in keinem Fall übergehen.' Er verschrieb einen Tee, den der Patient in bestimmten Abständen trinken sollte und gab ihm zugleich einen Meditationsspruch. Der Ingenieur klagte später nicht mehr über sein Augenleiden. Soviel ich weiß, blieb ihm die Sehkraft bis in ein hohes Alter erhalten."[43]

Ein andermal rief Rudolf Steiner an einem Sonntagmorgen einen Arzt von der Arlesheimer Klinik, damit er sich den von ihm am Vortag behandelten verletzten Finger einer Eurythmistin anschauen möge.

Anlässlich des Ausbruchs des Ersten Weltkrieges hielt Rudolf Steiner für die Mitarbeiter des ersten Goetheanum eine Art Erste-Hilfe-Kurs, den sogenannten *Samariterkurs*[44] vom 13. bis 16. August 1914. Dabei demonstrierte er anschaulich die verschiedenen Hilfsmaßnahmen. Und zur Blutstillung bei Verletzungen empfahl er folgenden Meditationsspruch:

> *Quelle Blut*
> *Im Quellen wirke*
> *Regsamer Muskel*
> *Rege die Keime*
> *Liebende Pflege*
> *Wärmenden Herzens*
> *Sei heilender Hauch*

„In diesen Zeilen ist alles enthalten, was zur Pflege einer Wunde notwendig ist, und diese Zeilen sind das, was man das Geheimnis einer Wunde nennen kann, und es ist viel besser als alles abstrakte Wirken, in Gedanken zu haben dasjenige, was wirksam ist im geistigen Zusammenhange der Welt." (Zit. Rudolf Steiner: *Beiträge zur Gesamtausgabe*, Heft 108.)

Bei all seinen Vorträgen während des Krieges gedachte Rudolf Steiner mit einem jeweiligen Spruch den Kämpfenden und Gefallenen.

Caroline Heydebrand (1886 bis 1938), die Pionierin der Waldorfpädagogik, beklagte sich einmal bei Rudolf Steiner über ihre „brüllende Klasse". Darauf gab ihr Rudolf Steiner folgenden Rat: „Die größte Schwierigkeit ist wohl, dass Sie das feine Stimmchen haben. Sie müssen es ein bisschen schulen, ‚unten' reden lernen, nicht piepsen. Es wäre schade, wenn Sie nicht Ihre Stimme behandelten, so dass etwas Bass hineinkäme. Also Tiefe muss hineinkommen."

Karl Schubert (1889 bis 1949) – einer der ersten Pädagogen in der Stuttgarter *Freien Waldorfschule*, der die weitere Entwicklung der anthroposophisch orientierten Arbeit mit behinderten Menschen stark prägte – befragte Rudolf Steiner nach einem problematischen Kind und erhielt von ihm einen besonderen Hinweis, wie man verschlafene Kinder durch Willensübungen „im Zentrum" aufwecken müsse.

Und hier noch ein Beispiel, das zeigt, wie Rudolf Steiner jede Art von Mitarbeit in wärmster Dankbarkeit empfing. Der Mäzenin und Stifterin Helene Röchling (1866 bis 1945) widmete er nachstehendes Gedicht.

Zur Weihenacht 1920

Es schläft der Erde Seele
In Sommers heißer Zeit;
Da strahlet helle
Der Sonne Spiegel
Im äußern Raum.

Es wacht der Erde Seele
In Winters kalter Zeit;
Da leuchtet geistig
Die wahre Sonne
Im innern Sein.

Sommers-Freude-Tag
Ist Erdenschlaf;
Winters-Weihe-Nacht
Ist Erden-Tag.

Wahrspruchworte (GA 40)

Kapitel 6

DAS ZWEITE GOETHEANUM

„Der Verlust sei Gewinn für sich."
Rudolf Steiner – Wahrspruchworte (GA 40)
Auszug „Tierkreis-Stimmungen": *Fische* (März)

Abb. 29   Westfassade mit Haupteingang.

1925 begannen die Bauarbeiten für das zweite Goetheanum, das ganz in Beton errichtet werden und einen Rauminhalt von 106.000 Kubikmetern umfassen sollte.

Ehrenfried Pfeiffer gibt in seiner Autobiografie[45] folgendes Stimmungsbild: „Der Wille, ein neues Goetheanum zu bauen, war bei den Mitgliedern der *Anthroposophischen Gesellschaft* stark vorhanden, und Rudolf Steiner wurde dazu gedrängt, Rat zu geben und ein Modell zu entwerfen. Zusätzlich zur Versicherungssumme von 3,2 Millionen Schweizer Franken, die nur den Materialwert deckte und mit 10 Millionen angemessener gewesen wäre, sammelten die Mitglieder weitere Gelder, um anfangen zu können. Doch in den Jahren der wirtschaftlichen Katastrophe, der Inflation, des Wiederaufbaus der Nationen gab es nach dem Ende des Ersten Weltkriegs nur wenige spendenwillige Menschen. Diese wirtschaftlichen Beschränkungen wirkten sich bis zum Zweiten Weltkrieg aus und brachten es mit sich, dass sich die anthroposophische Bewegung nie von diesem Schlag erholt hat. (...) Das plastische Modell des neuen Goetheanum konnte von Rudolf Steiner wegen seiner Beschäftigung mit der Reorganisation der *Anthroposophischen Gesellschaft* nie vollendet werden. Und dann hielt ihn schließlich seine Krankheit davon ab, die nötige Zeit aufzuwenden. Das neue Modell blieb deshalb ein Torso und ebenso das zweite Goetheanum. Der neue Bau war ein Kompromiss."

Bei der Beschaffung der Materialien gab es nach dem Ersten Weltkrieg einige Schwierigkeiten. So konnte der für die Kuppel des ersten Goetheanum verwendete norwegische Dachschiefer, der einen hohen Anteil an Muskovitglimmer enthielt, nicht mehr beschafft werden. Das beeindruckende Ergebnis der Glasscheiben-Radierungen des ersten Goetheanum konnte nicht erreicht werden, weil die spezielle Glasart nicht mehr verfügbar war. Bei dieser nach Angaben von Rudolf Steiner entwickelten Schrägstichmethode wurden die Motive mit einem Carborundum-Schleifgerät in die einfarbigen Glasscheiben einradiert.

Als Vorlage für die Errichtung des neuen Baus blieb den Architekten lediglich Rudolf Steiners Zeichnung der Urform des zweiten Goetheanum, die er zur Weihnachtstagung 1923/24 angefertigt und übergeben hatte, sowie das unvollendete Modell. Immerhin konnte nach zwei Jahren das Richtfest gefeiert werden, und nach vier Jahren (1928) war der mächtige Bau in seinen äußeren Formen und seiner inneren Gliederung so weit vollendet, dass die 3.000 Besucher, die zur Eröffnungsfeier nach Dornach kamen, ihn seiner Bestimmung übergeben konnten.

Abb. 30   Südfassade mit Haupteingang.

Als Rudolf Steiner in Paris am 26. Mai 1924 in dem Vortragszyklus *Was wollte das Goetheanum und was soll die Anthroposophie* (GA 84) den elften Vortrag „Wie erlangt man Erkenntnis der übersinnlichen Welt?" hielt, sprach er u. a. darüber, dass es zwar im physischen Leben auf der Erde die Vergänglichkeit gibt, diese aber im vor- und nachgeburtlichen Leben nicht existiert: „Wir konnten nur einen schüchternen Anfang machen mit demjenigen, was wir in der Nordwest-Schweiz das Goetheanum nennen, in dem geschaffen wurde eine Mysterienstätte, in der in ähnlicher Weise der Mensch einen Weg ins Übersinnliche finden sollte auf moderne besonnene Art, wie er in alten Zeiten auf mehr instinktive Art einen Weg in den Mysterien gefunden hat. Feinde haben uns diese Stätte entrissen. Sie ist ja vor einiger Zeit durch Brandstiftung zugrunde gegangen. Auch diese Dinge haben ihre Ewigkeit. Das physische Feuer konnte uns den physischen Bau, das Goetheanum nehmen, den physischen Bau, in welchem bis dahin gepflegt worden ist jene spirituelle Wissenschaft, von der ich Ihnen eine Andeutung machen durfte. Allein, es gibt auch ein geistiges Feuer. Dieses geistige Feuer verbrennt keine physischen Stätten, sondern wird sie immer wieder erstehen lassen. Still und nicht geräuschvoll wie in den alten Mysterien werden in den neuen Mysterien die Schüler der spirituellen Weisheit sich nähern, die wiederum den Menschen die ihnen so notwendige Kunde vom Ewigen des Menschen und der Welt bringen. Denn der Mensch braucht sie für sein Denken, für das Fühlen und Wollen, damit er in sich zur Klarheit, zu einem in sich harmonischen Leben komme, damit er auch Kraft und Sicherheit für das äußere Leben gewinne. Er braucht die Verbindung mit der spirituellen Welt. Und so etwas, wie die spirituelle Schule in Dornach wird immer mehr als eine Sehnsucht erwachen aus dem ewigen Drang der Menschheit nach dem Spirituellen."

Kapitel 7

Neun Monate bis zum Krankenlager

„Das Sein, es verzehrt das Wesen.
Im Wesen hält sich das Sein.
Im Wirken entschwindet das Werden."
Rudolf Steiner – Wahrspruchworte (GA 40)
Auszug „Tierkreis-Stimmungen": *Skorpion* (November)

Hatte Rudolf Steiner nach dem Brand des Goetheanum bereits im Januar 1923 seine rege Vortrags- und Reisetätigkeit wieder aufgenommen, so bewältigte er ab Januar 1924 ein schier übermenschliches Pensum an Aufgaben, die ihn im September 1924 an seine physischen Grenzen brachten und aufs Krankenlager zwangen.

Vom 2. bis 9. Januar 1924 findet in Dornach mit acht Vorträgen Rudolf Steiners der Weihnachtskurs für Ärzte und Medizinstudierende statt: *Meditative Betrachtungen und Anleitungen zur Vertiefung der Heilkunst* (GA 316).

In der Zeit vom 27. Februar bis 24. September 1924 hält Rudolf Steiner 61 Vorträge vor den Arbeitern des Goetheanum-Baus. Es handelt sich bei den „Arbeiter-Vorträgen" weder um abgeschlossene Vortragszyklen zu einem bestimmten Thema noch um angekündigte Vorträge für ein bestimmtes Publikum. Diese insgesamt 113 Vorträge sind in acht Bänden gesammelt (GA 347 bis GA 354). Begonnen am 2. August 1922, gingen sie aus Fragestunden während der Vormittagspause für die am Goetheanum-Bau beteiligten Arbeiter hervor. „Besonders charakteristisch ist die Frische und Unmittelbarkeit, welche diese Vorträge ausstrahlen. Damit erweisen sie sich auch als eine Brücke von alltäglichen Lebensfragen hinüber zu rein geistigen Inhalten und dürfen als eine – im besten Sinne des Wortes – ‚populäre' Einführung in die Forschungsergebnisse der Anthroposophie bezeichnet werden."[46]

Am 26. März 1924 fährt Rudolf Steiner mit Guenther Wachsmuth und Ernst Lehrs (Waldorflehrer und akkreditierter Vortragsredner) mit dem Auto nach Stuttgart. In der fünf Jahre zuvor mit 200 Kindern und ca. 15 Lehrern gegründeten *Freien Waldorfschule* hält er eine Ansprache zur Monatsfeier und leitet die Lehrerkonferenz.

Mit dem Nachtzug fährt er noch am gleichen Tag nach Prag zur Tagung der tschechoslowakischen *Anthroposophischen Gesellschaft*, wo er während neun Tagen elf Vorträge hält und mehrere Privatgespräche führt. Bei den von Marie Steiner-von Sivers geleiteten Eurythmie-Aufführungen hält er außerdem Ansprachen über das Wesen der Eurythmie.

Vom 8. bis 13. April 1924 ist Rudolf Steiner wieder in Stuttgart, um in der Freien Waldorfschule, die mittlerweile über 700 Schüler in 24 Klassen beherbergt, vor 1.700 Zuhörern seine letzten fünf öffentlichen Vorträge zur *Methodik des Lehrens und die Lebensbedingungen des Erziehens* (GA 308) zu halten. Er verabschiedet in einer persönlichen Gesprächsrunde die Schüler der 12. Abschlussklasse im Beisein der Lehrer. Zu dem für November in Dornach in Aussicht gestellten Jugendkurs, kommt es nicht mehr. Auch beim ersten vereinbarten Herbsttreffen kann Rudolf Steiner nicht mehr dabei sein.

Eine dieser Schülerinnen – Karin Ruths-Hoffmann – erzählte später: „Rudolf Steiner hatte uns einen Geleitspruch mit ins Leben gegeben, den wir damals stehend anhörten. Später durften wir diesen Spruch schriftlich bei ihm abholen, und noch bei der letzten Zusammenkunft riet er uns nachdrücklich, ihn fleißig zu meditieren – wir würden schon sehen, was das für Folgen haben würde ...“[47]

Sie und einige ihrer Mitschüler trafen sich wieder Anfang April 1925 in Dornach zur Beisetzung von Rudolf Steiner.

Vom 13. bis 17. April 1924 ist Rudolf Steiner in Bern mit dem Zyklus *Anthroposophische Pädagogik und ihre Voraussetzungen* (GA 309).

Nach Dornach zurückgekehrt, kümmert er sich um Angelegenheiten für den Bau des zweiten Goetheanum und erhält nach persönlicher Vorsprache beim Gemeinderat der Stadt Solothurn am 21. Mai die endgültige Genehmigung zur Errichtung des neuen Gebäudes.

Den Osterkurs für Ärzte und Medizinstudenten hält er mit fünf Vorträgen in Dornach in der Zeit vom 21. bis 25. April 1924: *Meditative Betrachtungen und Anleitungen zur Vertiefung der Heilkunst* (GA 316).

Einer der Jungmediziner – Kurt Magerstädt (1899 bis 1964) – der außerdem den *Dramatischen Kurs* (GA 282) und den *Pastoral-Medizinischen Kurs* (GA 318) wahrgenommen und im Mai sein Staatsexamen gemacht hatte, fasste seine Eindrücke und Gedanken von damals folgendermaßen zusammen:

„Jedes Gebiet, das Rudolf Steiner berührte, wurde taufrisch. Jeder Gesichtspunkt war vollkommen neu, es gab keine Wiederholung, nicht in der Formulierung, nicht im Gedankengang. Ein übersprudelnder Quell begnadete uns. Wir tranken und ahnten nicht, dass wir unseren Lehrer zum letzten Mal in seinem Erdenleib sahen."[48]

Von den sechs Bänden *Esoterische Betrachtungen karmischer Zusammenhänge* (GA 235 bis GA 240) hält Rudolf Steiner insgesamt 81 Vorträge in den Städten Dornach/Schweiz (23. März, 29. Juni, 1. Juli bis 8. August, 5. bis 28. September), Prag/Tschechoslowakei (29. März bis 5. April), Paris/Frankreich (23. bis 25. Mai), Breslau/Schlesien (7. bis 15. Juni), London/England, Bern und Zürich/Schweiz sowie Stuttgart/Deutschland (zwischen dem 25. Januar und 27. August).

Während des Landwirtschaftlichen Kurses *Geisteswissenschaftliche Grundlagen zum Gedeihen der Landwirtschaft* (GA 327) auf dem Gut von Carl Graf Keyseringk in Koberwitz bei Breslau hält Rudolf Steiner vom 7. bis 16. Juni 1924 acht Vorträge und Fragenbeantwortungen. In einer Ansprache am 20. Juni äußert er: „Es weiß zum Beispiel kein Mensch heute, dass alle die mineralischen Düngerarten gerade diejenigen sind, die zu dieser Degenerierung, zu diesem Schlechtwerden der landwirtschaftlichen Produkte das Wesentliche beitragen. Denn heute denkt eben jeder einfach: Nun ja, zum Pflanzenwachstum gehört eine bestimmte Menge Stickstoff –, und den Leuten ist es einfach ganz gleichgültig, auf welche Weise dieser Stickstoff bereitet wird, wo er herkommt. Das ist aber nicht gleichgültig, wo er herkommt."

Nachmittags spricht er über die *Esoterischen Betrachtungen karmischer Zusammenhänge* (GA 235 bis GA 240) in Breslau, und abends gibt es Ansprachen über die künstlerischen Darbietungen von Marie Steiner-von Sivers. Auch Zusammenkünfte von Jugendgruppen stehen auf dem Programm.

In Koberwitz entsteht ein zukunftweisender Impuls für späteres Bewusstsein, was ökologische Zusammenhänge anbelangt. Hierzu Rudolf Steiner: „Um die Mitte des Jahrhunderts muss die geisteswissenschaftliche Erkenntnis Lebenspraxis geworden sein, um unsagbares Unheil an der Gesundheit der Natur und des Menschen zu verhindern."

Die elf Koberwitzer Nächte waren für Rudolf Steiner sehr kurz, da er auch weiterhin Aufsätze für die Monatsschrift *Das Goetheanum* und das

Nachrichtenblatt für die Mitglieder der Anthroposophischen Gesellschaft sowie die Ritualtexte für die Priester der *Christengemeinschaft* zur Menschenweihehandlung bis zum Johannisfest zu verfassen hatte. Jeden Morgen brachte Rudolf Steiner der Hausherrin Frau von Keyserlingk einen Stoß Briefe mit der Bitte, diese per Post verschicken zu lassen. Überhaupt hat er den größten Teil seiner literarischen Werke in der Nacht geschrieben. Vom 25. Juni bis 7. Juli 1924 weilt Rudolf Steiner in der Stuttgarter *Freien Waldorfschule* zum „Heilpädagogischen Kurs" (GA 317) mit zwölf Vorträgen.

Am 17. Juli 1924 fährt Rudolf Steiner nach Holland, wo er in Arnhem Vorträge über *Esoterische Betrachtungen karmischer Zusammenhänge* (GA 240) und die anthroposophische Bewegung hält. Nach einem der Vorträge erleidet er im Hotel einen Schwächeanfall und bricht zusammen. Doch erholt er sich und hält die weiteren Vorträge wie geplant.

Am 31. Juli 1924 steht er wieder vor den Arbeitern im Vortragssaal der Dornacher Schreinerei und wartet auf deren Themenvorschläge, um darüber aus dem Stegreif zu referieren.

Seine letzte Auslandsreise bringt Rudolf Steiner am 11. August 1924 nach Torquay zum Internationalen Sommerkurs der englischen *Anthroposophischen Gesellschaft*. Die Simultanübersetzung seiner elf Vorträge aus dem Zyklus Das *Initiaten-Bewusstsein* (GA 243) und Vorträge über Karma sowie Pädagogik übernimmt auch während dieser Vortragsreihe der Physiker und Mathematiker George Adams (1894 bis 1963).

Rudolf Steiner nutzte den Aufenthalt, um mit Guenther Wachsmuth die Anhöhe hinaufzuwandern, wo sich über einem Felsenvorsprung an der einsamen Küste Cornwalls die Mauerreste der Burg von König Artus befinden. Von dieser beeindruckenden Wanderungen schreibt Wachsmuth in seiner Biografie *Rudolf Steiners Erdenleben und Wirken* (S. 606).

Am 1. September 1924 kehrt Rudolf Steiner nach Dornach zurück und wirkt „abgemüht", wie sich Marie Steiner-von Sivers ausdrückt.

In den drei Wochen vom 5. bis 22. September 1924 – unmittelbar vor Beginn seines Krankenlagers – hält Rudolf Steiner in Dornach zahlreiche Vorträge und Kurse. Im Einzelnen:

- 19 Vorträge, Gespräche und Fragenbeantwortungen für die Priester der zwei Jahre zuvor gegründeten *Christengemeinschaft*. Vor über hundert an der Erneuerung des religiösen Lebens interessierten Persönlichkeiten spricht Rudolf Steiner über die Wege, wie durch Geist-Erkenntnis das religiöse Wirken befruchtet und in neue Kultusgestaltungen hineingeführt werden kann (GA 346). Emil Bock (1895 bis 1959; Priester der *Christengemeinschaft* ab 1922, Erzoberlenker ab 1939) schreibt in seinem Traktat *Religiöse Erneuerung*: „Erst mit der Zeit lernte ich überschauen, welch unerhört reiche und breit fundamentierte Grundlegung einer kosmisch-menschlichen Christuserkenntnis und christlichen Kosmos- und Menschenerkenntnis Rudolf Steiner damals schon gegeben hatte.“[50]

- Zusammen mit Marie Steiner-von Sivers gestaltet Rudolf Steiner den „Dramatischen Kurs“ und hält 19 Vorträge zur *Sprachgestaltung und Dramatischen Kunst* (GA 282).

- Vom 5. bis 28. September 1924 hält Rudolf Steiner zehn Vorträge des Zyklus' *Das geistige Leben der Gegenwart im Zusammenhang mit der anthroposophischen Bewegung* (GA 238).

- Rudolf Steiner unterschreibt die 12.000 Mitgliedskarten persönlich und dokumentiert damit, wie wichtig ihm als Vorsitzenden der *Anthroposophischen Gesellschaft* der Kontakt mit den einzelnen Mitgliedern ist.

- Während des „Pastoral-Medizinischen Kurses“ – vom 8. bis 18. September 1924 – hält Rudolf Steiner elf Vorträge vor rund 100 Ärzten und Priestern: *Das Zusammenwirken von Ärzten und Seelsorgern* (GA 318). Albert Steffen zitiert Rudolf Steiner folgendermaßen: „Der Christus-Weg nach Golgatha ist die höchste Kulmination des Ärztewesens. Der Christus-Weg weiter zur Auferstehung ist die höchste Kulmination des Priesterweges.“[51]

Mit 70 Vorträgen (jeweils vier bis fünf täglich), der termingerechten Vollendung der drei großen Zyklen (Dramatische Kurs, Vorträge und Kurse über christlich-religiöses Wirken und Pastoral-Medizinischer Kurs) beendet Rudolf Steiner seine Vortragstätigkeit. Für die Zeitschrift

Das Goetheanum liefert er noch wöchentlich Beiträge wie die schließlich vollendeten Leitsätze und seine Autobiografie *Mein Lebensgang*, die er nicht beenden kann.

Von der mit Ita Wegman begonnenen Schrift für Ärzte *Grundlegendes für eine Erweiterung der Heilkunst nach geisteswissenschaftlichen Erkenntnissen* (GA 27) liegen von Rudolf Steiner korrigierte Druckfahnen bereit. Es handelt sich um die grundsätzliche Darstellung eines durch die Anthroposophie befruchteten und erweiterten Heilwesens, nach dessen Richtlinien heute über die ganze Welt hin im anthroposophisch-medizinischen Bereich gearbeitet wird.

Bei seiner letzten Ansprache am 27. September 1924 sitzt Rudolf Steiner in seinen Mantel gehüllt in einem Sessel im Vortragssaal der Schreinerei und schließt mit den Worten, die zugleich Abschied als auch Appell sind:

> *Ihr, der Geist-Erkenntnis Schüler,*
> *Nehmet Michaels weises Winken,*
> *Nehmt des Welten-Willens Liebe-Wort*
> *In der Seelen Höhenziele wirksam auf.*

Wahrspruchworte (GA 40)

Kapitel 8

Abschied von Rudolf Steiner

„Ex deo nascimur - In Christo morimur - Per spiritum sanctum reviviscimus"
Aus Gott sind wir geboren - In Christus sterben wir -
Durch den Heiligen Geist auferstehen wir

*Abb. 31   Siegel von Rudolf Steiner zum ersten Mysteriendrama **Die Pforte der Einweihung** mit den Initialen des Rosenkreuzer-Spruchs EDN JCM PSSR.*

Rudolf Steiner war im Verlauf seiner zahlreichen Vortragsreisen in die unterschiedlichsten europäischen Städte, die er mit Auto, Bahn oder Schiff unternahm, schon einige Male in lebensbedrohliche Situationen geraten. Als er in München am 15. Mai 1922 nach einem Vortrag im *Hotel Bayerischer Hof* das Podium verlassen wollte, bedrängten ihn rechtsradikale Randalierer, die von den Wächtern unter körperlichem Einsatz hinauszitiert werden mussten. Danach wurde auch ein Dolch entdeckt.

Dass allerdings gezielt nach dem Leben von Rudolf Steiner getrachtet wurde, konnte nur geahnt werden und aus seinen Andeutungen ungläubig entgegengenommen werden. Was sich dann bei dem nachmittäglichen Empfang („Rout") am letzten Tag der Weihnachtstagung am 1. Januar 1924 ereignete, war wirklich ein Vergiftungsanschlag. Da sich Rudolf Steiner verbat, darüber zu sprechen, wurden erst viele Jahre später die Hemmungen überwunden und vielfach von den Anwesenden Augenzeugenberichte veröffentlicht.

Marie Steiner von Sivers sprach im Jahr 1947 mit Lidia Gentilli-Baratto über den Vergiftungsversuch an Rudolf Steiner. In ihrem Büchlein „Eine Erinnerung an Marie Steiner" gab Lidia folgenden Wortlaut wieder: „Ja, Rudolf Steiner wurde vergiftet, am letzten Tag der Weihnachtstagung bei dem Rout in der Schreinerei. Lange Zeit war ich auch in dem Saal gesessen, während die anderen, um den Doktor herum, kamen und gingen. Ich konnte auf keinen Menschen acht geben, grüßte die Herannahenden mit größter Mühe, denn ein Unbegreifliches, ein Furchtbares stand vor meiner Seele. Es war mir, als ob ich etwas abwehren sollte, und ich wusste nicht, wie und nicht was. Da hielt ich es so ruhig sitzend nicht mehr aus und ging in meinen Raum nach hinten. (...) Ich war in ein Gespräch mit Dr. Wachsmuth vertieft, als der Doktor plötzlich hereinkam, grün wie dieses Blatt. Er lehnte sich an den Türpfosten, schaute uns verzweifelt an und sagte: ‚Wir sind vergiftet'. Ich war vom Schrecken wie gelähmt. Er fragte uns sofort, ob wir etwas getrunken hätten, und als ich verneinte und er bemerkte, dass Dr. Wachsmuth nichts widerfahren war, atmete er erleichtert auf: ‚Also nur ich, das ist gut', hauchte er und trat wankend in das Zimmer hinein. Dr. Wachsmuth wollte sofort eilen und einen Arzt rufen, aber Dr. Steiner verbot es ihm mit allem Nachdruck. Dr. Wachsmuth entfernte sich mit dem Versprechen, dass kein Mensch davon erfahren, dass kein Arzt gerufen werden dürfte. Der Doktor ließ sich dann alle Milch geben, die im Raume vorhanden war, und unternahm damit selber eine Magenspülung, während andere Milch aus der *Villa Hansi* geholt wurde. Alle vorhandene Milch wurde herbei geschafft, und den ganzen Abend und die ganze Nacht setzte er diese Spülung fort (...). Er war seitdem dem Tode geweiht."[52]

Wie sehr die „okkulten Mächte" die Offenbarungen Rudolf Steiners versuchten zu verhindern, die sie nur für ihre Machtzwecke benutzen wollten, beschreibt Guenther Wachsmuth in seiner Biografie *Rudolf Steiners Erdenleben und Wirken* (Seite 292): „Diesem östlichen und westlichen, esoterischen und exoterischen, planvoll und hintergründig wirkenden Geheimwissen nahm Rudolf Steiner die Tarnkappe ab. (...) Er stellte jenen dunklen Extremen den Geist der Mitte gegenüber, erhellte die undurchsichtigen Winkel. (...) Er machte die Tatsache bewusst, dass die Versuche in Ost und West, Geistiges wieder in die Evolution der Jetztzeit einfließen zu lassen, mit falschen, machtpolitischen und egoistischen oder zumindest mit untauglichen und die höhere Wahrheit schädigenden Mitteln arbeiten. Es ist ein ganz natürliches, typisches Phänomen, dass ihm solche Aufdeckung des Misslingens und der Abirrung von jenen Seiten die erbittertsten, gehässigsten und leidenschaftlichsten Gegnerschaften eintrug. Diejenigen, die wussten, um was es ging, versuchten, ihn erst zu gewinnen; als dies nicht gelang, ihn totzuschweigen; als auch dies nicht gelang, ihn zu bespötteln; als dies nicht wirkte, ihn und sein Werk mit allen Mitteln zu bekämpfen und den, der aufrecht stand und die Dinge bei ihrem wahren Namen nannte, zu behindern, wo sie nur konnten, zu vernichten, wenn dies möglich war."

Als Ehrenfried Pfeiffer nach Überwindung einer schweren Erkrankung noch einmal nach Arlesheim und Dornach kam, äußerte er vor ungefähr 30 bis 40 Personen den Wunsch, einigen Menschen etwas anzuvertrauen, bevor er in Frieden von dieser Erde gehen könne. Er habe – und das sei mit ein Grund gewesen, warum er 1940 nach Amerika gegangen sei – die Begegnung mit wirklich Wissenden des mechanischen Okkultismus gesucht. Einen solchen fand er auch ziemlich bald. Es entwickelte sich ein vertrauliches Verhältnis. Eines Tages kam es zu einem Gespräch über verschiedene Stationen im Leben Rudolf Steiners. Es wurde auch die Vergiftung bei dem Rout berührt. Hierbei kam es zu einer überraschenden und dramatischen Aussage durch Pfeiffers Gesprächspartner. Dieser sagte: „Bitte entschuldigen Sie, ich muss Ihnen jetzt leider etwas sagen, was Sie aufs Höchste erschrecken muss und uns wieder ganz trennen kann, was ich aber, wenn es dazu käme, tief bedauern würde. Ich war derjenige, der beauftragt war, Rudolf Steiner zu vergiften! Diese Vergiftung sollte aber keine tödlichen Folgen haben, sondern Rudolf Steiner in einen Zustand bringen, in welchem er seine hohen okkulten Fähigkeiten nicht mehr souverän würde handhaben können und durch welchen diese praktisch ausgelöscht gewesen wären. Man hätte dann auf Rudolf Steiner zeigen können, um zu sagen: ‚Seht einmal, wenn ihr eine okkulte Schulung in seinem Sinne anstrebt, wie er sie beispielsweise in *Wie erlangt man Erkenntnisse der höheren Welten?* schildert, dann kommt ihr in solche Zustände.'"[53] Ehrenfried Pfeiffer deutete noch an, dass Rudolf Steiner diesen Giftanschlag mit Hilfe geistiger Mächte überwunden hat und die *Brüder der linken Hand* nicht gesiegt hätten.

Dass Rudolf Steiner 15 Monate später an den Folgen dieses Anschlags gestorben sein soll, dieser Legende widersprach Guenther Wachsmuth in seiner Biografie *Rudolf Steiners Erdenleben und Wirken* (S. 619). Nach seinem und dem Erleben anderer Personen in Rudolf Steiners nächster Umgebung und derjenigen, die ihn in seinen letzten Lebensjahren begleitet haben, waren die ersten Symptome der Krankheit schon vorher mit Sorgen beobachtet worden. So schreibt Guenther Wachsmuth: „Was in den letzten Lebensjahren mit ihren heroisch ertragenen Schicksalsereignissen, der Zerstörung des ersten Goetheanum-Baus, dem Ringen mit den Gegnern und Widersachern, die um sein Werk anbrandeten, an seinen physischen Kräften zehrte, ist aus den Ereignissen selbst abzulesen. Hinzu kam die durch seine Opfertat ermöglichte, über menschliches Maß hinausgehende Überlastung und Beanspruchung durch die zahllosen persönlichen Anfragen von Mitgliedern und ratsuchenden Menschen. Rudolf Steiner hat auf solche Tatsachen selbst aufmerksam gemacht, als ihn im Oktober 1924 zum ersten Mal sein Leiden zum Absagen einer Vortragsreise zwang."

Und wie Ehrenfried Pfeiffer am 30. März 1925 – am Morgen des Todestages von Rudolf Steiner – den Weg zum Atelier beschritt, um ihn dort auf seinem Totenlager vorzufinden, das erzählt er in seiner Autobiografie:[54]

„Am 30. März 1925 ging ich am Morgen zum Goetheanum hinauf. Ich hatte in der Nacht zuvor einen beunruhigenden Traum von dem geliebten Lehrer gehabt. – Es war ein typischer Vorfrühlingsmorgen, mit frischem Wind, Sonnenschein und Wolken, die einander jagten, und es war, als strömte ein zartes Licht aus, um sich über die Landschaft zu ergießen. – An der Tür zu Rudolf Steiners Atelier, wo er fast sechs Monate lang unter der gewissenhaften Pflege seiner Mitarbeiterin und Ärztin Dr. Ita Wegman verbracht hatte, war eine Erschütterung erlebbar. Die Tür stand offen: Rudolf Steiner war – wie er es sich immer gewünscht hatte – bei Sonnenaufgang gestorben. Eine ganze Welt der Tätigkeiten, des Hoffens auf künftige Anweisungen für den weiteren Aufbau des Goetheanum, der Hochschule für Geisteswissenschaft, der anthroposophischen Bewegung brach zusammen. Es waren bis dahin sehr wenige Menschen zur Stelle: die, welche die letzten Dienste getan hatten und Rudolf Steiner gepflegt hatten, Dr. Ita Wegman und zwei ihrer Assistenzärzte. Dr. Guenther Wachsmuth und Albert Steffen waren gegangen. Einige Wachmänner standen ratlos vor dem Atelier. (...) Der Tod kam für alle plötzlich. Marie Steiner-von Sivers war in Stuttgart und wurde per Telefon zurückgerufen. Ich trat zögernd ein, um Rudolf Steiner auf seinem Totenbett zu sehen, der Christusstatue gegenüber. Ich half mit, das Nötigste zu verrichten, ansonsten sprachlos und verloren. Bald wurde die Totenwache organisiert, Rudolf Steiner zur Leichenschau gerichtet, die kein Ende nehmen wollte. Tausende von Mitgliedern kamen aus aller Welt, um ihm die letzte Ehre zu erweisen. Sein Antlitz hatte sich verändert, man erkannte die Wirkung des Leidens, aber eine göttliche Schönheit und Frische hielt für mehrere Tage an: Dies war das Antlitze, das durch tiefste geistige Einsicht, Entschlossenheit, Liebe und Freundlichkeit und viel physisches und geistiges Leiden geprägt worden war. Auch ein völlig Fremder konnte die große Individualität sehen, die diesen Leib benutzt hatte. (...) Dr. Wachsmuth, Groot, Pracht und ich waren die Sargträger, die ihre Pflicht mit gebrochenem Herzen erfüllten.“

Zeit seines Lebens vermittelte Rudolf Steiner in seinen Vorträgen, welche Bedeutung der Tod im Leben eines Menschen hat. Bei vielen Bestattungen seiner Schüler, Freunde und Mitarbeiter hielt er die Gedenkrede. Konnte er nicht selbst anwesend sein, schickte er Trostbriefe wie zum Beispiel folgenden vom 31. 12. 1905. Der Mann der Frau war gerade gestorben. „Es ist beim Übertritte eines uns lieben Menschen in die anderen Welten ganz besonders wichtig, dass wir unsere Gedanken und Gefühle zu ihm senden, ohne dass wir die Vorstellung aufkommen lassen, als wollten wir ihn zurückhaben. Dies Letztere erschwert dem Hingegangenen das Dasein in der Sphäre, in die er einzutreten hat. Nicht das Leid, das wir haben, sondern die Liebe, die wir ihm geben, sollen wir in seine Welt senden.“ (GA 264, Ausg. 1991, S. 101.) – Außerdem gab Rudolf Steiner den Hinterbliebenen zum Trost den Rat, sich beim Einschlafen mit ihren Toten im Gebet oder Gespräch in Dankbarkeit zu verbinden. Dies könne dazu führen, dass beim Erwachen sich Lösungen für Probleme zeigten.

Unter den von Rudolf Steiner für die *Christengemeinschaft* neu erarbeiteten Kultusritualen, wie Gestaltung, Text und Gewänder der Menschenweihehandlung, Priesterweihe und den Sakramenten wurde auch ein Bestattungsritual eingeführt. Mit diesem neuen Kultus wurde Rudolf Steiner vom ersten Priester der *Christengemeinschaft*, Friedrich Rittelmeyer, verabschiedet.

In memoriam Rudolf Steiner

Es erheben sich unserer Seelen beste Gedanken
Auf zum Geisteslicht der Welt! –

Wo du lebst mit deiner Seele Wesen,
Wo du denkst in wollenden Weltgedanken,
Wo du wirkst im schaffenden Zeitenstrom.

Deine Stimme, wie sie auf Erden erklungen,
Schaffe sich neu aus liebendem Herz-Erinnern
Und belebe wie Tau unsere Erinnerungsgedanken.

So erbilde sich uns in lauschender Weltenstille
Deine Geist-Gestalt in ätherischer Jugendschöne,
Unzerstörbar, wie sie im Geiste sich gründet.

So durchströme uns dein heiliger Schöpferwille,
Wie du ihn opfernd für Menschen-Welten-Ziele
Wirkend verschenktest, da du auf Erden gewandelt.

So verbinde sich uns im tiefsten Herzens-Innern,
Was von deinem schenkenden Opferwesen
Uns mit dir vereinigt in heiliger Opferflamme:

Dass wir im Tode dich schau'n
Als den helfenden Führergeist!

Fred Poeppig (1900 bis 1974) am 27. Februar 1940

Kapitel 9

Lebenswege und Wirkstätten
nach Rudolf Steiners Tod

„So wie ein Mensch, am trüben Tag, der Sonne vergisst,
sie aber strahlt und leuchtet unaufhörlich,
so mag man dein an trübem Tag vergessen,
um wiederum und immer wiederum
erschüttert, ja geblendet zu empfinden,
wie unerschöpflich fort und fort und fort
dein Sonnengeist
uns dunklen Wandrern strahlt."

Christian Morgenstern (1871 bis 1914) in seiner lyrischen Hommage auf Rudolf Steiner
Aus der Sammlung „Wir fanden einen Pfad", 1914.

Margarita Woloschin vergleicht in ihrer Autobiografie das Schicksal jedes Menschen, der Rudolf Steiner erlebt hat, mit dem von Parsifal: „Was ihm begegnet ist, muss er suchen. Die Aufgaben, die Rudolf Steiner auf allen Gebieten hinterlassen hat, sind so groß wie die Sehnsucht der Menschen nach dem Geiste. Persönlich kann ich sagen, dass für mich die bewusste Arbeit erst nach dem Tode des Lehrers begonnen hat. Je reifer der Mensch wird, desto reicher wird das Leben in ihm und um ihn. Auch weiß ich mich in der Gemeinschaft. Durch alle inneren und äußeren Hemmnisse leuchten, wenn auch noch schwach, jene Keime, die in sich die Kraft haben, das Menschenbild zu retten."[55].

Es folgen einige Beispiele, wie die durch Rudolf Steiner gelegten Keime in der Nachwelt bis heute Früchte tragen.

Marie Steiner-von Sivers
Aus Teilnehmern des Kurses über *Sprachgestaltung und dramatische Kunst*[56] hatte sich ein Ensemble herausgebildet, mit dem Marie Steiner-von Sivers nach Rudolf Steiners Tod in den folgenden 20 Jahren ihres Lebens weiterarbeitete. Wäre das Goetheanum, dieses einmalige Kunstwerk, nicht in der Silvesternacht 1922/23 durch Brandstiftung vernichtet worden, hätte sich die Bühnenkunst des Goetheanum in nicht vorzustellender Weise entwickelt.

Die Aufführungen der vier Mysteriendramen waren bereits von Rudolf Steiner für den Sommer 1923 angekündigt gewesen. Der Schauspieler Edwin Froböse (1900 bis 1997), der wie viele andere zu diesem Ensemble gehörte, formulierte es in seinen Erinnerungen *Mein Weg zur Eurythmiebühne* an Johanni 1978 folgendermaßen: „Marie Steiner-von Sivers folgte bis zuletzt treu den Intentionen Rudolf Steiners, die in ihr Leben gewannen."

„Als Erstes inszenierte sie für die Bühne des zweiten Goetheanum die vier Mysteriendramen Rudolf Steiners. Unablässig wurde an Goethes *Faust* gearbeitet; die in der deutschen Theatergeschichte erstmalige ungekürzte Aufführung von Goethes *Faust I* und *II* fand 1938 statt. Dramen von Goethe, Schiller, Hamerling, Schuré und Albert Steffen kamen in ihrer Inszenierung auf die Bühne. Mit einem aus dieser Arbeit entstandenen künstlerischen Sprechchor unternahm sie zahlreiche Tourneen. Die Aufführungen und Veranstaltungen unter Marie Steiner-von Sivers' künstlerischer Leitung waren der in Europa zu dieser Zeit bekannteste Ausdruck der anthroposophischen Arbeit."

„Als Rudolf Steiners testamentarische Erbin verwaltete sie auch seinen gesamten künstlerischen und literarischen Nachlass. Wie schon zu seinen Lebzeiten widmete sie sich nach seinem Tode weiterhin der Herausgabe seines literarischen Werkes – eine keineswegs leichte Aufgabe. Von seinen mehr als 6.000 immer frei gehaltenen Vorträgen und Vortragskursen ist ein großer Teil in stenografischen Nachschriften festgehalten worden. Die Aufgabe, diese Nachschriften zu redigieren und herauszugeben, die ihr von Rudolf Steiner schon früh übertragen worden war, führte sie unentwegt weiter. In Elisabeth Vreede fand sie ab 1918 große Unterstützung bei diesen Aufgaben. Im Verlaufe von 20 Jahren bearbeitete Marie Steiner-von Sivers über 500 mehr oder weniger umfangreiche Publikationen. Für viele schrieb sie Einleitungen. Zu weiten weltgeschichtlichen Aspekten, unter denen Rudolf Steiner in die Geistesgeschichte hineingestellt wird, enthalten sie auch eine Fülle von Erinnerungen an das gemeinsame Wirken, sodass diese Einleitungen auch für die Geschichte der anthroposophischen Bewegung eine unentbehrliche Quelle darstellen. Zur Fortführung dieser Aufgabe begründete sie 1943 die *Rudolf Steiner-Nachlassverwaltung – Verein zur Verwaltung des literarischen und künstlerischen Nachlasses von Dr. Rudolf Steiner, Dornach*."

Damit schuf sie die Voraussetzungen, dass der anthroposophische Kulturimpuls in sichtbarer und fruchtbarer Weise der Öffentlichkeit zugänglich gemacht wurde. Seit 1961 wird hier die auf 354 Bände angelegte Gesamtausgabe der Werke und des Nachlasses von Rudolf Steiner als Lese- und Studienausgabe ediert, was bis heute einem Expertenteam editorische Forschung abverlangt. Daraus hat sich die vielleicht umfangreichste Buchausgabe eines Autors entwickelt, der zu den am meisten übersetzten Schriftstellern deutscher Sprache gehört. 2015 gemäß einmütigem Beschluss der Vereinsmitglieder wurde die *Rudolf Steiner-Nachlassverwaltung* in eine Stiftung mit unverändertem Zweck umgewandelt; sie ist im *Rudolf Steiner Archiv* untergebracht (Haus Duldeck, Rüttiweg 15, Postfach 348, CH-4143 Dornach).

„Marie Steiner-von Sivers starb am 27. Dezember 1948 in Beatenberg/Schweiz kurz vor Vollendung ihres 82. Lebensjahres. Bis zuletzt blieb sie ihrer zu Beginn des Jahrhunderts übernommenen Aufgabe treu, dem Werk Rudolf Steiners den Weg in die Zeitwelt zu bahnen." (Zitate: Forschungsstelle Kulturimpuls.)

Abb. 32   „Haus Duldeck", 1915 aus Beton erbaut. Seit 2002 ist dort das Rudolf Steiner Archiv untergebracht, das auch die Rudolf Steiner Nachlassverwaltung und den Rudolf Steiner Verlag beherbergt.

Der Marie Steiner Verlag wurde 2001 von Otto Ph. Sponsel-Slezak und Christa Slezak-Schindler gegründet. Letztere entwickelte 1978 im Sinne Rudolf Steiners die „Sprach-Kunst-Therapie". Bis 2009 war sie am Goetheanum Mitglied der Sektion für Bildende Künste und bis 2005 Mitglied der Anthroposophischen Gesellschaft. Zielgruppe der Herausgeber des Verlages sind Menschen, die eigenständig Sprachkunst praktizieren und entwickeln wollen, indem sie anthroposophische Meditation und Eurythmie mit einer Erhöhung des gesprochenen Wortes verbinden wollen. (Marie Steiner Verlag, Haus der Sprache, Burghaldenweg 12/1, 75378 Bad Liebenzell-Unterlengenhardt.)

Margarita Woloschin

„Nach der vorläufigen Beendigung ihrer Arbeit am ersten Goetheanum fuhr Margarita Woloschin 1917 nur für kurze Zeit – wie sie annahm – nach Moskau. Dort geriet sie in die Wirren der bolschewistischen Revolution. Zunächst konnte sie noch Kurse in Malerei und Anthroposophie geben. Allmählich aber nahmen ihr der tägliche Terror, das Chaos, der Kampf gegen Hunger, Kälte und Krankheit alle Möglichkeiten, etwas Sinnvolles zu tun. Nach fünfeinhalb Schreckensjahren bekam sie aufgrund einer Lungenkrankheit die Genehmigung auszureisen. Über Holland und der Schweiz landete sie 1924 schließlich in Stuttgart, das sie bis zu ihrem Lebensende nicht mehr verlassen sollte."

„Margarita Woloschin schuf nahezu alle Altarbilder für die neu entstehenden Gemeinden der sich ausbreitenden *Christengemeinschaft*. Sie gab Malkurse, leitete anthroposophische Gesprächsgruppen und schrieb Aufsätze. Durch Porträtmalerei verdiente sie sich ihren Lebensunterhalt."

„Den weit in die Zukunft greifenden Kunstimpuls, den sie von Rudolf Steiner aufgegriffen hat, verstand Margarita Woloschin in ihrer Malerei so, dass die Farben selbst verwandelt werden und die Kompositionen so bewegt werden, dass sie die Sphären des Lebendigen berühren."

„Ihre Autobiografie *Die grüne Schlange* legt Zeugnis ab von ihrem phänomenalen Gedächtnis und ihren bis ins höchste Alter überreichen Menschenbegegnungen. Sie starb mit 91 Jahren."
(Zitate: Forschungsstelle Kulturimpuls.)

Ita Wegman

Nach Rudolf Steiners Tod arbeitete Frau Dr. Ita Wegman in ihrer Klinik in Arlesheim* weiter an der mit ihm entwickelten anthroposophisch erweiterten Medizin. Besonders setzte sie sich auch ein für die Gründung von therapeutischen Einrichtungen für heilpädagogisch zu betreuende Kinder, deren Seelen pflegebedürftig waren. In umfangreichen Briefen und zahlreichen Reisen versuchte sie, die meist junge Ärzteschaft „... zur Überwindung jener existentiellen Isolierung des einzelnen, für sich stehenden, zugleich in sich beschränkten Arztes, die keine Grundlage für eine zukünftige Medizin mehr abgeben konnte" zu einer Gemeinschaft zusammenzubringen, in der „dann der Geist des Heilens, der Raphael-Geist, der in dem jetzigen Zeitalter auch mit Michael sehr verbunden ist, sich wirksam äußern kann. Nur so, wenn es uns Ärzten gelingt, alles das, was Dr. Steiner den Ärzten gegeben hat, lebendig in uns zu tragen, wird es uns auch gelingen, nicht nur kranke Menschen zu heilen, sondern auch ein heilendes Prinzip überall um uns, wo wir wirksam sind, zu verbreiten." (Zitate von Ita Wegman in einem Brief an ihren Kollegen Ludwig Engel im Jahr 1928.)

Abb. 33
Das ehemalige Wohn-
haus von Ita Wegman
und heutige Archiv
des Ita Wegman
Instituts in Arlesheim/
Schweiz.

---

* Am 8. Juni 1921 wurde das Klinisch-Therapeutische Institut in Arlesheim gegründet. 1971 erfolgte die Umbenennung in Ita Wegman Klinik. 2014 schlossen sich die beiden benachbarten anthroposophischen Kliniken – die Ita Wegman Klinik und die Lukas Klinik – zur Klinik Arlesheim zusammen, die 2021 ihr 100-jähriges Bestehen feierte. Das Holzhaus (Abb. 33) wurde 1924 errichtet und von Ita Wegman bis zu ihrem Umzug nach Ascona bewohnt. Das Haus steht heute im Garten der Ita Wegman Klinik und beherbergt in seinem Erdgeschoss das Ita Wegman Archiv. Hier wird der schriftliche Nachlass Ita Wegmans gesammelt, gesichtet, geordnet, gelesen und zugänglich gemacht. Es handelt sich vor allem um Schriftliches (zum Beispiel 140 Notizbücher), doch zu einem kleinen Teil auch um Bildgut.

„Als Ita Wegman auf der Mitgliederversammlung am 14. April 1935 ihrer Vorstands- und Sektionsleitertätigkeiten enthoben wurde, zog sie sich ohne Verteidigung ihrer Aufgaben und Rechte zurück (s. auch Kapitel 10). „Angesichts der äußeren Beschränkungen durch die Kriegsereignisse und die Dornacher Verhältnisse ging ihr Weg nach Innen." (Zit. Forschungsstelle Kulturimpuls.)

In Ascona fand sie eine neue Wohnstatt, wo sie zusammen mit der herbeigerufenen treuen Ärztin Hilma Walter (1893 bis 1979) an der Aufarbeitung der Krankengeschichten von Patienten, die sie gemeinsam mit Rudolf Steiner betreut hatte, schrieb. Von den zahlreichen, daraus entstandenen Veröffentlichungen von Hilma Walter finden sich einige Beispiele in den Literatur-Empfehlungen im ANHANG.

1938 gründete Ita Wegman im Schweizer Brissago das *Soziotherapeutische Institut für Seelenpflegebedürftige Kinder* mit der Stiftung *La Motta*. Diese Lebensgemeinschaft mit Wohnheim für integrierte Beschäftigung volljähriger Menschen mit Behinderung beiderlei Geschlechts besteht bis auf den heutigen Tag.

Als Ita Wegman 1943 im Alter von 67 Jahren während eines Arbeitsbesuches in Arlesheim starb, wurde ihre Urne nach Brissago überführt und in der *La Motta-Kapelle* unter einem wunderbaren Fresko der Künstlerin und Kunsttherapeutin Liane Collot d'Herbois (1907 bis 1999) – einer engen Freundin Wegmans – aufgestellt. Später begrub man ihre Asche in einem Blumenbeet außerhalb der Kapelle. Anstelle der Urne ist nun ein Bergkristall unter dem Fresko aufgestellt.

Die La Motta-Kapelle (Abb. 34) ist heute ein Ort der Besinnung und des Gedenkens geworden, nicht nur für das Institut und seine Gemeinschaft; sie wird von Menschen aus aller Welt besucht.

Abb. 34
Fresko von Liane Collot d'Herbois
(1907 bis 1999) in der La Motta-Kapelle
in Brissago/Schweiz.

Abb. 35
Das ehemalige
Haus Hansi.

Albert Steffen

„Nach dem Tode von Rudolf Steiner am 30. März 1925 wurde Albert Steffen auf der außerordentlichen Generalversammlung an Weihnachten 1925 auf Vorschlag von Friedrich Rittelmeyer zum Vorsitzenden gewählt. Er nahm die Wahl an und wollte der Gesellschaft mit seinen Werken dienen.

Abgesehen von einigen Reisen und auswärtigen Aufenthalten hat Albert Steffen Dornach nach 1920 nicht mehr verlassen. Getreu seinem Entschluss, das Wesentliche durch die Kunst zu sagen, schuf Albert Steffen Werk um Werk. Das bis heute veröffentlichte Gesamtwerk umfasst 83 Titel, davon 12 Romane, 15 Bände Erinnerungen, Skizzen und Miniaturen, 11 Gedichtbände, 17 Dramen, 27 Essaybände und drei Mappen mit Aquarellen, dazu etliche weitere Farbdrucke.

Spätestens von 1929/30 an war Albert Steffens Stellung in der *Anthroposophischen Gesellschaft* und insbesondere im Vorsand umstritten. Unterschiedliche Auffassungen unter den Vorstandsmitgliedern, die sich schon zu Lebzeiten Steiners bemerkbar gemacht hatten, unvereinbare Temperamente und Charaktereigenschaften, aber auch die Altersunterschiede führten zunehmend zu Reibungen, die ein Zusammenwirken im Vorstand erschwerten. Letztlich war es die Treue zu Rudolf Steiner, zu der ihm anvertrauten Aufgabe und zur Gesellschaftsgründung auf der Weihnachtstagung 1923/1924, die ihm die Kraft gab, trotz aller Widrigkeiten seine Arbeit für die *Anthroposophische Gesellschaft* über 40 Jahre in schöpferischer Gesinnung durchzuführen und die spirituelle Orientierung dieser Gesellschaft damit maßgeblich zu prägen." (Zit. Forschungsstelle Kulturimpuls.)

Albert Steffen starb am 13. Juli 1963 im Alter von 79 Jahren. Das ehemalige Haus Hansi, das seinerzeit der *Anthroposophischen Gesellschaft* gehörte, ist heute Arbeits- und Gedenkstätte der Albert-Steffen-Stiftung mit dem *Verlag für Schöne Wissenschaften,* der ausschließlich Werke von Albert Steffen herausgibt. In diesem Haus wohnte Rudolf Steiner bis 1925 und Marie Steiner bis 1935. Ab 1936 beherbergte es das Ehepaar Steffen.

Andrej Belyj

„In seinem 1929 beendeten Buch *Erinnerungen an Steiner* (deutscher Titel *Verwandeln des Lebens*)[57] zieht Andrej Belyj Bilanz seiner Lebensbeziehungen zu Rudolf Steiner: ‚Durch alles, was ich an ihm verstanden und nicht verstanden habe, zog sich das Grundthema: der allmählich auflodernden Begeisterung, der Liebe, des Vertrauens, der Freude, dass das Schicksal mich für würdig befand, ihm zu begegnen, denn er ist die wichtigste ‚unverhoffte Freude' meines Lebens.‘"

„Während Andrej Belyj am letzten, der Anthroposophie gewidmeten Kapitel seiner Memoiren-Trilogie *Geschichte der Herausbildung der Bewusstseinsseele* schrieb, überschritt er die Schwelle des Todes. Er war 54 Jahre alt." (Zitate: Forschungsstelle Kulturimpuls.)

Ehrenfried Pfeiffer

In seiner Autobiografie schreibt Ehrenfried Pfeiffer: „Bald nach Rudolf Steiners Tod musste jeder zu seiner Arbeit und seiner Alltagspflicht zurückkehren, und es zeigte sich sofort, dass es tiefe menschliche Konflikte zwischen den führenden Persönlichkeiten der Gesellschaft gab. Tatsächlich war die ganze Geschichte der Gesellschaft danach eine kontinuierliche Reihe von Persönlichkeitskonflikten. Es waren starke Persönlichkeiten, von entschlossenem Geist, die das Werk von Rudolf Steiner fortführen mussten – als ein Ganzes, in der Gesellschaft, im Goetheanum, den Sektionen, im Großen und Ganzen so wie in vielen Einzelheiten."[58]

„Ehrenfried Pfeiffer wurde bereits in jungen Jahren einer der führenden Vertreter der aus spirituellen Quellen befruchteten naturwissenschaftlichen Bemühungen. Bis Ende der Dreißigerjahre blieb er in der Leitung des Forschungslaboratoriums am Goetheanum. Während dieser Zeit konnte er im In- und Ausland eine reiche Vortrags- und Beratungstätigkeit entfalten, besonders auf der *Threefold Farm in Spring Valley,* New York."

„Um das 28. Lebensjahr eröffneten sich für Pfeiffer neue Aufgaben. Die vermögende Holländerin Maria Tak van Poortvliet beschloss, ihren Landbesitz in Holland auf die biologisch-dynamische Methode umzustellen. Sie gründete 1926 mit Ehrenfried Pfeiffer und Willem Zeylmans van Emmichoven die *Aktiengesellschaft Loverendale,* einen Zusammenschluss von fünf Höfen mit einer Fläche von rund 200 Hektar Gemüse-, Acker- und Weideland. Im Sinne des Dreigliederungsimpulses wurden die Betriebe der *Cultuur-maatschappij Loverendale* übereignet. Für die Leitung des Gesamtunternehmens war Ehrenfried Pfeiffer verantwortlich."

„Schon seit den Dreißigerjahren pflegte Pfeiffer Kontakte und Verbindungen zu Farmern und Farmbesitzern in den USA. Er hielt im Laufe der Jahre zahlreiche Vorträge und Kurse. Die Veröffentlichung des Buches ‚Die Fruchtbarkeit der Erde' brachte weitere Interessenten für Pfeiffers Arbeit, besonders in den USA."

„Im Jahre 1939 unternahm Pfeiffer ausgedehnte Studienreisen in die Pyrenäen, nach Syrien, Palästina, Ägypten, England, Holland und auf die Azoren, mit dem Ziel, wesentliche Mysterienstätten zu besuchen."

„1940 siedelte Pfeiffer mit seiner Familie auf Einladung eines vermögenden Inhabers von Erdölfirmen nach Pennsylvania über. H. A. W. Myrin besaß eine 335-Hektar-Farm und teilte Pfeiffers Interesse an einer biologisch-dynamischen Demonstrationsfarm und Schule für Landwirte. Diese Ausbildungsstätte war für den biologisch-dynamischen Ansatz beispielgebend. Leider wurde diese Zusammenarbeit wegen eines Zwischenfalls schon nach vier Jahren aufgelöst."

„Ab 1948 lebte und wirkte Ehrenfried Pfeiffer in Spring Valley mit unveränderter Forschungs- und Vortragstätigkeit." „Nach 14 Jahren waren Pfeiffers Kräfte aufgezehrt. Am 24. November 1961 erlitt er einen Herzanfall, der am 30. November zum Tode führte. Er wurde 62 Jahre alt." (Zitate: Forschungsstelle Kulturimpuls.)

Nach Ehrenfried Pfeiffers Tod wurden unter dem Titel *Heart Lectures* (Mercury Press, Spring Valley 1982 und 1989) vier Vorträge seines Zyklus *Das Herz als spirituelles Wahrnehmungsorgan und die Ätherisation des Blutes* veröffentlicht. Der erste dieser Vorträge wurde in seiner Autobiografie „Ein Leben für den Geist" erstmals auf Deutsch abgedruckt, zusammen mit zwei wunderbaren Farbskizzen „Systole" und „Diastole".

Das *Pfeiffer Center* in Chestnut Ridge N.Y.[59] mit seiner 1965 gegründeten *Threefold Educational Foundation* entstand 1926 aus einer anthroposophischen Gemeinschaft praktischer Arbeit nach den Vorträgen von Rudolf Steiner. Es arbeitet, lehrt und fördert biodynamischen Landbau durch Kurse, Workshops und Praktika auf allen Gebieten der experimentellen Forschung. Das geplante Projekt zur Entwicklung eines biodynamischen Bauernhof-Profils in den nördlichen Vororten von New York City ist die Grundlage für das Erziehungsprogramm.

Elisabeth Vreede

„In den Auseinandersetzungen über Führungs- und Gestaltungsfragen der *Allgemeinen Anthroposophischen Gesellschaft* nach Rudolf Steiners Tod war es für Elisabeth Vreede kaum möglich, ihre Auffassungen zur Geltung zu bringen. Besonders mit Marie Steiner-von Sivers und Albert Steffen kam es zu wenig fruchtbarem Austausch. Mit der Ostern 1935 erfolgten Abberufung aus dem Vorstand wurde sie sowohl von persönlichen Kontakten wie auch von der mit Hingabe und eigenen Mitteln aufgebauten Sternwarte und dem Archiv getrennt." Von ihrem holländischen Refugium aus wirkte Elisabeth Vreede bei vielen Veranstaltungen mit. Ansonsten blieben ihr bis zum Ausbruch des Zweiten Weltkrieges 1939 nur noch Kontakte mit England. 1938 machte sie eine Reise nach Deutschland, um jüdischen Mitgliedern der bereits verbotenen *Anthroposophischen Gesellschaft* bei der Emigration zu helfen.

„Die letzten Jahre verliefen für Elisabeth Vreede in zunehmender Vereinsamung. Der Tod von Ita Wegman traf sie tief. Ihr letzter Vortrag Anfang Mai 1943 galt dem 400. Todestag von Kopernikus. Bald darauf wurde sie krank und pflegebedürftig, Anfang August trat eine leichte Besserung ein, die sie für eine Reise zur Erholung nach Ascona, dem letzten Lebensort von Ita Wegman, nutzte. Sie starb dort nach einem Rückfall am 31. August 1943." (Zitate: Forschungsstelle Kulturimpuls.)

Abb. 36   1920 ließ sich Elisabeth Vreede dieses Haus nach einem Modellentwurf von Edith Maryon und Rudolf Steiner in Arlesheim erbauen, in dem sie bis 1935 lebte.

1954 erschien eine Buchausgabe der *Anthroposophischen Rundschreiben*[60] mit einem Vorwort des englischen Mathematikers und Physikers George Adams. Elisabeth Vreede hatte ihn Ende der Zwanzigerjahre und Anfang der Dreißigerjahre trotz zunehmender Widerstände von Seiten ihrer Vorstandskollegen öfter zu Vorträgen und Seminaren eingeladen und sich um die Veröffentlichung seiner grundlegenden Arbeiten zur projektiven Geometrie und mathematischen Physik gekümmert. George Adams schrieb: „In den *Anthroposophischen Rundschreiben* hat Vreede die vielseitigen Mitteilungen Rudolf Steiners aus dem Gebiet der Sternen- und Himmelskunde verarbeitet. Zu gleicher Zeit werden die äußeren Tatsachen, wie sie sich den Sinnen räumlich und in dem Zeiterleben als Jahres- und Tagesrhythmen darbieten, allgemein verständlich geschildert. Dies geschieht vor allem als Anleitung zur eigenen Beobachtung der wirklichen Erscheinungen am Sternenhimmel. Diese werden heutzutage meist allzu rasch durch die in ihrer Art gewiss berechtigten Vorstellungsbilder des *Kopernikanischen Systems* ersetzt."

Lory Maier-Smits

„Nach einem Gespräch mit Rudolf Steiner löste sich Lory Maier-Smits langsam aus der Eurythmiegruppe. Sie verfügte über die Fähigkeiten der Beweglichkeit, Durchhaltekraft und Selbstlosigkeit. Sie ließ dieselben nunmehr bei der Erziehung ihrer drei Kinder (1928 wurde als drittes ihr Sohn geboren) und für die sozialen und kulturellen Aufgaben im Rahmen der familiären Industriebetriebe wirksam werden."

Als ihr Mann Alfred Maier 1958 starb, bildete sich für Lory Maier-Smits wieder ein Freiraum für die Eurythmie: Auf Einladung von Eurythmieschulen, Waldorfschulen und anthroposophischen Zweigen schilderte sie ihren allerersten Eurythmie-Unterricht bei Rudolf Steiner und zeigte noch als 70-Jährige mit unnachahmlicher Leichtigkeit und Präzision Gebärden, Rhythmen und Sprünge der eurythmischen Bewegungsanfänge.

„Im Frühjahr 1971 erlitt sie einen Schlaganfall, wurde liebevoll von der Familie gepflegt, bis sie am 19. September 1971 ihren Erdenleib verließ." (Zitate Forschungsstelle Kulturimpuls.)

Ergänzend zu den vorzitierten Persönlichkeiten, die ihre Schaffenskraft auch nach Rudolf Steiners Tod in den Dienst der anthroposophischen Geisteswissenschaft gestellt haben, folgen nun weitere Beispiele, die verdeutlichen sollen, in welcher Weise die Vorträge, Bücher, Schriften, Briefe etc. von Rudolf Steiner bis heute nachwirken.

1. Bereits im Jahre 1884 forderte Rudolf Steiner die Befreiung des Erziehungswesens von jeglicher staatlicher Bevormundung. Die Wirren des Ersten Weltkrieges ließen in ihm diesen Gedanken in Verbindung mit einem umfassenden Vorschlag zur Neugestaltung des sozialen Lebens entstehen. Von der zukunftweisenden Kraft dieser Idee überzeugt, wandte sich Kommerzienrat* Dr. h. c. Emil Molt, Direktor der *Waldorf-Astoria-Zigarettenfabrik*, an Rudolf Steiner mit der Bitte, die Gründung einer Schule für die Kinder seiner Arbeiter vorzubereiten und deren Leitung zu übernehmen. Sein Plan war, den Kindern der Arbeiter und Angestellten seiner Fabrik eine neue, gesunde Erziehung zu schenken. Er hatte erkannt, dass Rat und Hilfe hierfür aus der Menschenkunde Rudolf Steiners gewonnen werden könne. Im Herbst 1919 eröffnete die erste *Freie Waldorfschule* in Stuttgart. Sie wurde der Ausgangspunkt für viele weitere Schulgründungen in der ganzen Welt. In seiner Eröffnungsansprache am 7. September 1919 sagte Rudolf Steiner u. a.: „Wir streben danach, dass dasjenige, was wir haben gewinnen können, durch die Geisteswissenschaft, lebendige Erziehungstat werde." Und in 21 Vortragszyklen vom Herbst 1919 bis Sommer 1924 referierte er über Menschenkunde und Erziehungskunst (GA 293 bis GA 311).[61]

2. Zu den ersten Lehrern der Waldorfschule gehörte Caroline von Heydebrand (1886 bis 1938), die mit 33 Jahren an der Gründung der ersten Waldorfschule teilnahm. In diesem Wirkungskreis konnte sie all das entfalten, was sie seit ihrer Jugend gelebt und später gesucht hatte. Mit ihrem pädagogischen

---

* *Kommerzienrat* ist ein Ehrentitel, der im Deutschen Reich vor allem bis 1919 an Persönlichkeiten der Wirtschaft verliehen wurde. Die Ehrung erfolgte erst, und zwar keineswegs automatisch, nach erheblichen „Stiftungen für das Gemeinwohl".

Meisterwerk *Vom Seelenwesen des Kindes* wurde sie für viele Lehrer und Erzieher nachfolgender Generationen zur pädagogischen Inspirationsquelle.*

3. Der *Bund der Freien Waldorfschulen* veröffentlichte folgende statistische Zahlen (Stand Oktober 2022): Schulen in Deutschland: 253; SchülerInnen: 90.000; Schulen in Europa (ohne Deutschland): 559; Schulen außerhalb Europas: 379; Schulen weltweit: 1.187; Waldorfkindergärten weltweit: über 1.900 (www.waldorfschule.de). Das online abrufbare Adressverzeichnis der Waldorfschulen, Waldorfkindergärten und Ausbildungsstätten weltweit von 2002 enthält auf 421 Seiten umfangreiche Daten und Statistiken (www.freunde_waldorf.de). Das Statistische Bundesamt veröffentlicht in seiner online-Pressemitteilung 2019/09 (Nr. 364) die aktuellen Zahlen für Deutschlands Freie Waldorfschulen (www.destatis.de).

4. Von 1903 bis 1918 hielt Rudolf Steiner in jedem Wintersemester im Berliner Architektenhaus wöchentlich vor einer großen Zuhörerschaft öffentliche Vorträge. Er referierte darüber, wie in vielfältigster Weise auftretende Lebens- und Zeitfragen vom Gesichtspunkte der Anthroposophie betrachtet werde können. (...) „Die Darstellungen haben den Charakter einer methodischen Einführung in die Geisteswissenschaft" (zit. Marie Steiner-von Sivers). Sie sind deshalb geeignet, auch heute noch, für alle, die eine erste Begegnung mit den Inhalten der Anthroposophie suchen. (GA 52 bis GA 84).[62]

5. Die von Karl Julius Schröer** aus der Überlieferung Siebenbürgens gesammelten Weihnachtsspiele wurden von Rudolf Steiner für die heutige Zeit im Jahr 1915 erneuert und für die Bühne bearbeitet. Die *Oberuferer Spiele* mit Paradeis-, Christgeburts- und Dreikönigspiel wurden von ihm als ein wertvoller Schatz für die Jetztzeit und Zukunft dargeboten. Seither

---

* Heydebrand, Caroline: *Vom Seelenwesen des Kindes.* Mellinger Verlag, Stuttgart 2014 – Taschenbuch 190 Seiten. Verlagsinformation: „Ein Standard-Werk der Waldorfpädagogik erscheint nun schon in 13. Auflage. Die Autorin, die zu den ersten, noch von Rudolf Steiner berufenen Lehrern der Waldorfschule gehörte, taucht in dieser Arbeit tief in die Psyche des Kindes ein und gibt Eltern und Lehrern unentbehrliche Hilfen für das Erkennen und Erziehen des Kindes."

** Karl Julius Schröer (1825 bis 1900) war ein österreichisch-ungarischer Sprach- und Literaturwissenschaftler. Rudolf Steiner besorgte durch Vermittlung von Karl Julius Schröer in den Jahren 1884 bis 1897 in Weimar die Herausgabe von „Goethes Naturwissenschaftlichen Schriften" für Kürschners „Deutsche National-Litteratur". Die intensive Auseinandersetzung mit der Anschauungsweise Goethes war der Ausgangspunkt für Steiners erkenntnistheoretische Arbeiten und hat sich auch auf sein gesamtes Werk ausgewirkt.

gibt es in vielen Ländern Aufführungen nach seinen Angaben, die meist von den Lehrern der Waldorfschulen als Geschenk für ihre Schüler dargeboten werden. In drei Vorträgen erläuterte Rudolf Steiner, wie diese Mysterien der Vergangenheit heute nur noch in den Sagen, Legenden oder solchen volkstümlichen Spielen für die Nachwelt erhalten wurden (GA 165).

6. Bereits im Kriegsjahr 1917 hatte Rudolf Steiner durch eine Anfrage des Reichsrats in Bayern Graf Otto von Lerchenfeld (1868 bis 1938) und des Kabinettschefs des Kaisers Graf Arthur Polzer-Hoditz (1869 bis 1945) ein umfassendes Memorandum zu den wesentlichen Grundgedanken der *Dreigliederung des sozialen Organismus* vorgelegt, das in dem damaligen stagnierenden Stellungskrieg eine politische Lösung hätte herbeiführen können. Durch den Mangel an Entschlussfähigkeit und Mut der in Betracht kommenden Persönlichkeiten kam es nicht zu seiner Umsetzung und zu den schrecklichen Ereignissen des weiteren Kriegsverlaufs. Bis heute ist die *Dreigliederung des sozialen Organismus* Rudolf Steiners eine Forderung für die konkrete Umgestaltung der gegenwärtigen einheitsstaatlichen Gesellschaftsform. (GA 328 bis GA 341).

7. 1918 bis 1924 hielt Rudolf Steiner vor vielen öffentlichen und internen Eurythmieaufführungen einleitende Ansprachen (insgesamt 80), um die von ihm ins Leben gerufene neue Bewegungskunst dem Publikum von immer neuen Gesichtspunkten aus darzustellen und nahezubringen (GA 277). Die aus der künstlerischen Eurythmie entwickelte Heileurythmie gilt heute als Therapieform der anthroposophischen Medizin.

8. „Im Jahre 1921 waren einige junge Menschen zu Dr. Steiner gekommen und hatten ihn gefragt, was er ihnen für ein religiöses Wirken, das nicht im Sinn der bisherigen Kirchen, sondern im Sinn einer neuen Geistigkeit sei, zu raten habe. Sie hatten an ihren Universitäten nicht gefunden, was sie suchten, und kamen nun vertrauend und hoffend zur Anthroposophie. Nach kurzem Überlegen ging Dr. Steiner mit tatbereitem Willen auf ihre Wünsche ein. Er hatte ja immer betont, dass die *Anthroposophische Gesellschaft* keine Kirche sei und auch keine neue Kirche gründen wolle. Sie lasse vielmehr jedem alle Freiheit, wie er sein religiöses Leben pflegen wolle." – Mit diesen Worten schildert Friedrich Rittelmeyer in *Meine Lebensbegegnung mit*

Rudolf Steiner (s. Literatur-Empfehlungen im ANHANG) die ersten Bemühungen auf dem Weg einer religiösen Erneuerungsbewegung. Im Herbst 1921 trafen sich über 40 Frauen und Männer zum „Theologenkurs", was die geistige Substanz zur Begründung der *Christengemeinschaft* ein Jahr später vorbereitete. Bis zu seinem Lebensende begleitete Rudolf Steiner diese Bewegung mit Texten und Ratschlägen für die kultischen Handlungen.

Im Herbst 1922 von einer Gruppe von 45 Theologen, Pfarrern und Studierenden überwiegend evangelischer Herkunft in Dornach gegründet, gibt es *Die Christengemeinschaft* heute in 32 Ländern mit weltweit etwa 35.000 Mitgliedern.

9. Caroline von Heydebrand wirkte von 1936 bis zu ihrem Tode im Jahr 1938 von der Uckermark aus in England, um dort die seit 1924 gegründeten Waldorfschulen pädagogisch beratend und helfend zu unterstützen. Ein Jahr zuvor hatte sie bereits in Clent Grove bei Stourbridge in der Grafschaft Worcestershire einen Kurs über das Kleinkind im *Heil- und Erziehungsinstitut* begonnen. Ab 1922 hatte sie Rudolf Steiner auf seinen Vortragsreisen in England begleitet und war zu seiner großen Zufriedenheit als Korreferentin aufgetreten. Durch die eintretenden Kriegsverhältnisse im Jahr 1938/39 gerieten in England die pädagogischen Bemühungen und Gründungen weiterer Waldorfschulen ins Stocken. In Deutschland mussten diese Schulen ganz schließen. Erst im Oktober 1945 nahm die *Freie Waldorfschule* in Stuttgart mit den Klassen 1 bis 8 ihren Lehrbetrieb wieder auf.

10. Neben Ehrenfried Pfeiffer, der 1940 in die USA auswanderte, um dort die biodynamische Landwirtschaft einzuführen, gab es *Ernesto Genoni* (1885 bis 1975), einen Italiener, der in Australien zum Pionier der biodynamischen Landwirtschaft wurde. Er traf Rudolf Steiner erstmals 1920 am Goetheanum und besuchte u. a. den „Landwirtschaftlichen Kurs" (GA 327). Er blieb bis 1924, als sich Rudolf Steiner aufs Krankenlager in seinem Atelier zurückziehen musste und wanderte dann nach Australien aus, wo er zum Experten für biodynamische Landwirtschaft und Anthroposophie wurde, der er den Rest seines Lebens widmete. 1932 gründete er die Anthroposophische Gesellschaft *Michael Group* in Victoria, deren Vorstand er 1962 wurde.[63]

Kapitel 10

DIE ANTHROPOSOPHISCHE GESELLSCHAFT

„Heilsam ist nur, wenn
Im Spiegel der Menschenseele
Sich bildet die ganze Gemeinschaft
Und in der Gemeinschaft
Lebet der Einzelseele Kraft."
Rudolf Steiner (5. November 1920) für Edith Maryon (GA 40)

Einleitung

Bei der Neubegründung der *Anthroposophischen Gesellschaft* auf der Weihnachtstagung in Dornach 1923/24 hatte Rudolf Steiner aufgrund seiner außergewöhnlichen Individualität die Möglichkeit, in direktem Zusammenwirken mit dem „Zeitgeist Michael" die Grundlagen für die „Neuen Mysterien" zu legen. So können Menschen, die in selbstloser Weise Verantwortung für die Anthroposophie übernehmen wollen, die Wirklichkeit einer geistigen Welt immer konkreter erfahren und für das praktische Leben Realität werden lassen.

Die Weltgesellschaft *Allgemeine Anthroposophische Gesellschaft AAG* hat ihren Sitz am Goetheanum in Dornach/Schweiz. Sie gliedert sich in Landesgesellschaften und diese wiederum in regionale, lokale und sachliche Gruppen. Ihr Mittelpunkt ist die *Freie Hochschule für Geisteswissenschaft*. Die Sektionen dieser Hochschule* tragen durch geisteswissenschaftliche Forschung zu einer spirituellen Vertiefung ihres jeweiligen Lebens- oder Fachgebietes bei.

---

* Die *Freie Hochschule für Geisteswissenschaft* am Goetheanum ist gegliedert in folgende Sektionen:

1. Allgemeine Anthroposophie	7. Bildende Künste
2. Jugend	8. Schöne Wissenschaften
3. Naturwissenschaft	9. Pädagogik
4. Landwirtschaft	10. Sozialwissenschaften
5. Mathematik-Astronomie	11. Medizin
6. Redende und musizierende Künste	

Grundlage der Arbeit bildet nach wie vor der geisteswissenschaftliche Lehrgang, den Rudolf Steiner 1924 für die Mitglieder der Hochschule im Rahmen ihrer Ersten Klasse gehalten hat („Klassenstunden").

Die Statuten der *AAG* entsprechen den rechtlichen Bestimmungen eines eingetragenen Vereins mit Sitz in Dornach/Schweiz.

Freies schöpferisches Geistesleben setzt wirtschaftliche Selbständigkeit voraus. Die *AAG* und die *Freie Hochschule für Geisteswissenschaft* werden also aus den Zuwendungen ihrer Mitglieder (Mitgliedsbeiträge, Spenden und Legate) und von Freunden (Spenden und Legate) sowie aus den Erträgen ihrer Leistungen finanziell getragen.

Die Zeitschrift *Das Goetheanum* mit ihrer monatlichen Beilage „Anthroposophie weltweit" sowie die Internetseite *www.Goetheanum.org* vermitteln ein Bild der Tätigkeiten der *Allgemeinen Anthroposophischen Gesellschaft.*

Geschichtliches zur Anthroposophischen Gesellschaft

Nachdem sich Rudolf Steiner von der Deutschen Sektion der *Theosophischen Gesellschaft* 1911 getrennt hatte, deren Generalsekretär er seit 20. Oktober 1902 gewesen war, erfolgte die formelle Gründung der *Anthroposophischen Gesellschaft.* Sie wurde auf der Ersten Generalversammlung (2./3. Februar 1913) in Berlin konstituiert und unterschied sich charakteristisch in ihrem Namen von der *Theosophischen Gesellschaft,* die 1875 in New York von Helena P. Blavatsky (1834 bis 1891), Henry Steel Olcott (1832 bis 1907) und William Quan Judge (1851 bis 1896) ins Lebengerufen worden war.

Über die *Probleme des Zusammenlebens in der Anthroposophischen Gesellschaft* (GA 253) äußerte sich Rudolf Steiner in Dornach am 10. September 1915 folgendermaßen:

„Man muss bedenken, meine lieben Freunde, dass man gerade in einer geisteswissenschaftlichen Bewegung fruchtbar doch nur wirken kann, wenn man sich Genauigkeit, ein reales genaues Erfassen der Dinge angewöhnt, denn die Geisteswissenschaft zwingt Sie ja dazu, Ihren Geistesblick auf Dinge zu richten, die mit der äußeren physischen Welt nichts zu tun haben. Und um das richtige Verhältnis zu gewinnen, muss man ein Gegengewicht schaffen. Und das kann nur darin bestehen, dass man die Dinge auf dem physischen Plan so real als möglich nimmt. Genauigkeit ist eben ein Teil der Realität."

An dieser Stelle soll über eine Episode in der Geschichte der *Allgemeinen Anthroposophischen Gesellschaft (AAG)* berichtet werden, die sich 1935 zugetragen hat. Auszüge aus einem Artikel der *Initiative zur Rehabilitierung von Ita Wegman und Elisabeth Vreede*[64], veröffentlicht in *Ein Nachrichten-blatt** Nr. 22 vom 30. 10. 2017, schildern den Vorgang wie folgt:

„Die von Rudolf Steiner in der Weihnachtstagung 1923/24 einge-setzten Vorstandsmitglieder Frau Dr. med. Ita Wegman und Frau Dr. phil. Elisabeth Vreede wurden aufgrund eines Beschlusses der Generalver-sammlung der *Allgemeinen Anthroposophischen Gesellschaft* am 14. April 1935 abgesetzt. Beiden wurden nach Rudolf Steiners Tod schwere Verge-hen und zerstörerisches Verhalten gegenüber der *AAG* vorgeworfen. Diese Behauptungen wurden in der sogenannten *Denkschrift***, die in Wirklich-keit eine 154-seitige ‚Kampfschrift‘ war, niedergelegt.

Auf der Ebene der Mitgliederarbeit hatte diese Entscheidung die fol-gende Konsequenz:

Nach zehnjähriger Vorstandstätigkeit wurden Ita Wegman und Elisabeth Vreede abberufen und mit ihren Anhängern (zahlreiche hochqualifizierte Mitglieder der *AAG*) von der Mitgliederversammlung aus der Gesellschaft ausgeschlossen. Dies bewirkte die Abspaltung ganzer Teile der Bewegung, was sich insbesondere in den Landesgesellschaften von England und der Niederlande deutlich zeigte.

Über diesen Beschluss wurde bis 1949 im *Nachrichtenblatt der Anthro-posophischen Gesellschaft* berichtet, jedoch wurde er inhaltlich nie wider-rufen. (...). Bei den in der *Denkschrift* angegebenen Begründungen handel-te es sich um Missverständnisse, Unterstellungen und Verleumdungen, was für einige Mitglieder schon damals deutlich zu erkennen war. Von welcher Tragweite dies wirklich gewesen sein mag und welche Entwick-lungen damit bis heute verhindert wurden, lässt sich kaum ermessen.“

---

* Die online-Zeitschrift *Ein Nachrichtenblatt* entstand „für Freunde der Anthroposophie und Mitglieder der anthroposophischen Gesellschaft" (https://einnachrichtenblatt.org/). Sie ist im Schweizer Kanton Solothurn (Seewen) beheimatet. Nachdem das ursprüngliche „Nachrichtenblatt der Allgemeinen Anthroposophischen Gesellschaft (AGG)" im Januar 2011 abgeschafft worden war, ergab sich für die Herausgeber von *Ein Nachrichtenblatt* – Roland Tüscher und Kirsten Juwel – der Entschluss, sofort anzuknüpfen an die Fülle dessen Möglichkeiten und Impulse.

** Die *Denkschrift über Angelegenheiten der Anthroposophischen Gesellschaft in den Jahren 1925 bis 1935* wurde als Manuskript gedruckt nur für Mitglieder der Anthroposophischen Gesellschaft und diesen vorgelegt von: Dr. C. Bessenich, Paul Bühler, Dr. E. O Eckstein, C. Englert-Faye, Dr. Otto Fränkl, Dr. Emil Grosheintz, Ehrenfried Pfeiffer, Dr. Hermann Poppelbaum, Paul Eugen Schiller, Günther Schubert, Dr. Richard Schubert, Jan Stuten. Dornach/Schweiz, Februar 1935.

Durch die *Initiative zur Rehabilitierung von Ita Wegman und Elisabeth Vreede* wurde auf der Generalversammlung der *AAG* im Jahr 2018 die Rehabilitierung des geschehenen Unrechts durch Vereinsbeschluss der Mitglieder vollzogen.

1946 wurde auch Frau Marie Steiner-von Sivers, die an den Ausschlüssen ihrer Vorstands-Kolleginnen Ita Wegman und Elisabeth Vreede beteiligt war, von der Mitwirkung im Vorstand und der Gestaltung der Gesellschaft ausgeschlossen. Damit war auch das weibliche Element des Urvorstandes vollständig beseitigt, obwohl Rudolf Steiner schon in den frühen esoterischen Stunden die Bedeutung eines Gleichgewichtes in männlich-weiblicher Wirksamkeit für die erneuerte Esoterik besonders betont hatte.

„Der ursprüngliche Vorstand der *Allgemeinen Anthroposophischen Gesellschaft* war nach der Kaltstellung und dem kurz darauf erfolgten Tod von Marie Steiner-von Sivers (1948) auf zwei Mitglieder geschrumpft. Albert Steffen war bei Marie Steiners Tod 64 Jahre alt, Guenther Wachsmuth 55. Die Leitung einer Internationalen Gesellschaft mit Tausenden von Mitgliedern und die gleichzeitige Verantwortung für die *Freie Hochschule für Geisteswissenschaft* dürften vom Tandem des verbliebenen Vorstandes als drückende Last empfunden worden sein. Albert Steffen dürfte die Tatsache, dass vier der sieben Gründungsmitglieder inzwischen verstorben waren, angesichts seines eigenen Alters, als Menetekel erschienen sein. Marie Steiner hatte bereits Mitte der vierziger Jahre, kurz vor ihrem achtzigsten Geburtstag, die Neugründung des Vorstandes vorgeschlagen. Der Einsicht, dass die Leitung der Gesellschaft für die Zukunft sichergestellt werden musste, konnte nicht länger ausgewichen werden. Daher verwundert es nicht, wenn Albert Steffen, der die Gesellschaft nach seinem Tod offenbar nicht Guenther Wachsmuth allein überlassen wollte, der Generalversammlung im Jahr 1949 eine Erweiterung des Vorstandes vorschlug. Als neue Mitglieder kamen hinzu: der Naturwissenschaftler Hermann Poppelbaum (1891 bis 1979) und der Musiker Wilhelm Lewerenz (1898 bis 1956)."[65]

Allgemeines zur Anthroposophischen Gesellschaft

In einem engeren Sinne werden diejenigen Menschen als Anthroposophen bezeichnet, die Mitglied der *Allgemeinen Anthroposophischen Gesellschaft (AAG)* sind. Deren Anzahl belief sich weltweit zur Jahrtausendwende auf etwas mehr als 50.000 Mitglieder, im Jahre 2009 auf ca. 47.000. 2015 wurde mit etwa 45.000 Mitgliedern gerechnet in 35 Landesgesellschaften und 39 Gruppen. Diese Mitgliederzahl bestand knapp auch in 2016*. Nach Auskunft der *mercurial-Publikationsgesellschaft* in Stuttgart belief sich in Deutschland im Jahr 2019 die Zahl der Mitglieder auf 12.172 und im Jahr 2020 auf 11.975.

Wer sich für die Arbeit innerhalb des Vereins *Anthroposophische Gesellschaft in Deutschland* interessiert, kann sich von den regionalen Zentren über die Veranstaltungen informieren lassen. Wer Mitglied werden möchte, kann sich an eine lokale bzw. regionale Gruppe wenden oder direkt an den Verein.[66]

In den Statuten („Prinzipien") der *AAG* kommt dem § 7 eine außerordentliche Bedeutung zu. Darin heißt es: „Die Einrichtung der *Freien Hochschule für Geisteswissenschaft* obliegt zunächst Rudolf Steiner, der seine Mitarbeiter und seinen eventuellen Nachfolger zu ernennen hat." Der § 7 enthält also alles, was mit der spirituellen Funktion der Leitung zusammenhängt. Als Rudolf Steiner nach seinem Hingang, den er bei vollem Bewusstsein erlebt hat, keinen Nachfolger ernannte, war es unmissverständlich, dass die *Freie Hochschule* keine Leitung mehr besäße, da diese Aufgabe dem Zeitgeist Michael selbst zukäme. (Wie Erzengel Gabriel der Verkünder der leiblich-irdischen Geburt Christi gewesen ist, stellt Erzengel Michael den Wegbereiter für die geistige Erfassung der Wesenheit Christi dar.) Die Mysterienstätte des Goetheanum stammt aus der geistigen Welt. Wie Michael dann in dieser Sache entscheiden wird, muss als Schicksalsführung oder eine Geistessprache entgegengenommen werden.

---

* Diese Angaben entstammen verschiedenen Ausgaben der „Mitteilungen aus der anthroposophischen Arbeit in Deutschland", die Bestandteil der Zeitschrift *Anthroposophie weltweit* sind. Sie erscheinen seit 2019 fünfmal im Jahr (zuvor monatlich) und werden kostenlos an alle Mitglieder der Anthroposophischen Gesellschaft in Deutschland verschickt. Zu Ostern, Johanni, Michaeli und Weihnachten werden die Mitteilungen mit der Vierteljahresschrift *Anthroposophie* verschickt. Anfang Juni erscheint eine Sonderausgabe zur jährlichen Mitgliederversammlung, die separat verschickt wird. - Herausgeber: Anthroposophische Gesellschaft in Deutschland e. V. Zur Uhlandshöhe 10, 70188 Stuttgart.

AUSKLANG

Ansprache von Rudolf Steiner in Wien am 14. April 1914 vor dem 6. Vortrag des Zyklus' „Inneres Wesen des Menschen und Leben zwischen Tod und neuer Geburt" (GA 153) an die Mitglieder der *Anthroposophischen Gesellschaft:*

„Bevor ich heute zu dem Vortrag selbst komme, möchte ich ein paar Worte an Sie richten, die nur besagen wollen, dass wir in diesem Jahre leider nicht, so wie in den verflossenen Jahren, in der Mitte des Sommers die Veranstaltungen haben werden, die sonst in München stattgefunden haben, da die nächste derartige Veranstaltung eben schon im Goetheanum* stattfinden soll und dieser Bau sich etwas länger hinauszieht, als ursprünglich hat gedacht werden können. Es steht zu hoffen, dass wir in den letzten zwei Monaten dieses Jahres so weit sein werden, dass dann eine feierliche, festliche Eröffnung des Goetheanum stattfinden kann.

Dieser Bau macht uns ja mehr Arbeit, als man sich gewöhnlich vorstellt, und Sie werden es daher begreiflich finden, dass jetzt schon einmal eine gewisse Zeit hindurch die persönlichen Besprechungen ausfallen mussten.

Für unsere lieben österreichischen Freunde ist es ganz gewiss in vieler Beziehung nicht leicht gewesen, sich mit dem Gedanken vertraut zu machen, dass das Goetheanum in so großer Ferne liegt. Allein, trotzdem ich jetzt nicht in der Lage bin, das des Weiteren auseinanderzusetzen, denn dazu mangelt die Zeit, so war es eben schon einmal so, dass uns das Karma dazu geführt hat, das Goetheanum dort zu errichten, wo es errichtet wird; und das wird gut sein.

Es wird uns ja schon vor Augen stehen müssen, dass wir in diesem Bau eine Art Zentralstätte und Wahrzeichen unserer spirituellen Bewegung sehen.

---

* In dieser Ansprache spricht Rudolf Steiner noch vom „Johannesbau". Um unnötige Verwirrung zu vermeiden, habe ich die später eingeführte Bezeichnung „Goetheanum" verwendet.

Was für den einen weit ist, ist für den anderen nahe; das ließ sich von vornherein nicht anders machen. Es steht aber doch wohl zu hoffen, dass auch unsere österreichischen Freunde Mittel und Wege finden, durch persönliche Anwesenheit bei der entsprechenden Veranstaltung des Goetheanum dieses Wahrzeichen unserer anthroposophischen Bewegung als das ihrige, ich möchte ausdrücklich sagen, zu erleben. Es ist in Wirklichkeit nicht nur ein Wahrzeichen durch das, was es sein wird als Monumentalbau, sondern es ist gewissermaßen ein Wahrzeichen dadurch, dass es, wenn es wirklich zustande kommt, nur zustande kommen kann und konnte durch das, was als große Opferwilligkeit einiger unserer Freunde geleistet wurde, die wirklich das Äußerste an Opferwilligkeit geleistet haben, um den schwierigen und vor allen Dingen kostspieligen Bau, so wie er nun einmal sein soll, zu Ende zu bringen.

Was entstehen soll, das soll in Beziehung eigentlich zum Ausdruck bringen, was unsere spirituelle Bewegung sein wird. Und dem muss der ganze Baustil auch entsprechen. Alles, was in den Bau hineinfließt, muss so sein, dass es nicht in symbolischer oder allegorischer Art und Weise hineinkommt, sondern es muss in wirklich künstlerischer Weise in diesen Bau hineinfließen. Vor allen Dingen war dieses notwendig: einmal einen solchen Bau aufzuführen, der in allen seinen Formen eine Verkörperung des spirituellen Wesens ist, dem wir zugetan sind. Die verschiedenen Zeiten, die verschiedenen Kulturen der Menschheitsentwickelung hatten auch die ihnen entsprechenden, eigenen Bauten. Der Bau, der in Dornach aufgerichtet werden soll, der soll in allen seinen Formen, aus denen er zusammengesetzt ist, und mit denen er gleichsam eine Hülle unserer spirituellen Arbeit bilden soll, durch die Art, wie diese Hülle sich nach außen und nach innen ein- und abschließt und zusammenschließt, zeigen, dass in ihren Formen sich etwas ausdrückt, das etwas ist, wie es für einen solchen Bau im Grunde in der Architektur noch nie gedacht war.

Wie der griechische Tempel dasteht, um eine Wohnung des Gottes zu sein, der darinnen ist, wie der gotische Dom dasteht, um zusammen mit der Gemeinde, die darin versammelt ist, ein Ganzes zu bilden, so soll unser Bau sich so darstellen, dass die Formen unmittelbar, ich möchte sagen, in spiritueller, geisteswissenschaftlicher Beziehung den Bau so gestalten, dass er spirituell durchsichtig ist. Das heißt, wenn man in dem Bau drinnen sein wird, so wird man durch die Architektur und durch dasjenige, was von der Architektur in die Plastik übergeht, das Gefühl haben: diese Wände sind nicht so wie andere architektonische Wände bisher waren, abschließend, bloß einschließend, sondern sie sind zugleich die Kommunikatoren, welche das geistige Leben eröffnen in unendliche spirituelle Weiten. Es sind Wände, die sich zu gleicher Zeit durch ihre Formen selbst aufheben, die zu gleicher Zeit eben nicht da sind in dem, was sie physisch sind. Das soll erreicht werden, dass jeder, der drinnen ist und nach und nach sich gewöhnen wird, diese Formen, aber nicht allegorisch und symbolisch, sondern in lebendiger Empfindung zu verstehen, etwas hat wie einen Ausblick in die Welt, von der wir sprechen, einfach durch das Erleben der Form.

Das ist ja natürlich etwas ganz Neues in der Architektur, das ist etwas Ungewöhnliches; und das braucht Zeit und Arbeit, und wie es schon einmal in unserer Zeit ist – verzeihen Sie den harten Ausdruck –, das braucht auch und hat gebraucht: Geld! Und dazu war die Opferwilligkeit einzelner unserer Freunde uns wirklich so entgegengekommen, dass wir sagen können: auch diese Opferwilligkeit ist in gewisser Beziehung ein Wahrzeichen für die Art, wie unsere spirituelle Bewegung in das Verständnis der Seelen eingedrungen ist.

Nur das wollte ich mit diesen Worten erwähnen, dass Sie diesen Bau in Ihr Herz aufnehmen, dass Sie ihn wie einen Mittelpunkt unserer Bewegung erfühlen, so dass Sie sich mit ihm vereint denken können, und dass Sie Ihre persönliche Anwesenheit ihm gönnen, so viel das von der Eröffnung ab in der Zukunft einmal wird der Fall sein können."

ANHANG

Referenzen für Fußnoten

[1] Pfeiffer, Ehrenfried: *Ein Leben für den Geist*, Hrsg.: Thomas Meyer, Perseus Verlag, 3. Aufl. Basel 2003 (S. 109). Alle Zitate mit freundlicher Genehmigung des Verlages. Postfach 611, CH-4144 Arlesheim, E-Mail: kontakt@perseus.ch.

[2] *Katalog des Gesamtwerks Rudolf Steiner* – Gesamtverzeichnis 1995/96 (S. 7).

[3] Siehe [1]/S. 112/113.

[4] Emil Grosheintz-Laval (1867 bis 1946): Mitbegründer und Vorstand des Schweizer anthroposophischen Paracelsus-Zweiges; Trauzeuge bei der standesamtlichen Trauung von Marie und Rudolf Steiner. Teilnehmer an der Grundsteinlegung des ersten Goetheanum und des ersten medizinischen Kurses. Seine berufliche Tätigkeit – er hatte eine Zahnarztpraxis in Basel – erlaubte es ihm, sich gelegentlich Rudolf Steiners Vortragsreisen anzuschließen.

[5] Ernst August Karl Stockmeyer (1886 bis 1963): Mitbegründer und Lehrer der ersten Waldorfschule in Stuttgart 1919.

[6] Maximilian Kully (1878 bis 1936): Schweizer katholischer Pfarrer in Arlesheim von 1913 bis 1936, der in seinen Vorträgen und Schriften als Gegner Rudolf Steiners bekannt wurde.

[7] Dr. Peter Selg (geb. 1963): Facharzt für Kinder- und Jugendpsychiatrie und -psychotherapie; Leiter des Ita Wegman Instituts für anthroposophische Grundlagenforschung; Professor für medizinische Anthroposophie an der Alanus Hochschule für Kunst und Gesellschaft; Leitender Arzt an der Ita Wegman Klinik in Arlesheim/Schweiz.

[8] Grosse, Rudolf: *Die Weihnachtstagung als Zeitenwende*, Philosophisch-Anthroposophischer Verlag Goetheanum, Dornach/Schweiz 1976 (S. 77) – Alle Textauszüge mit freundlicher Genehmigung des Verlages.

[9] Wachsmuth, Guenther: *Rudolf Steiners Erdenleben und Wirken* (Seite 384). Zweite wesentlich ergänzte und erweiterte Auflage des erstmals 1941 erschienen Buches „Die Geburt der Geisteswissenschaft". Philosophisch-Anthroposophischer Verlag am Goetheanum, Dornach 1951.

[10] Siehe [1]/S. 102.

[11] Siehe [8]/S. 80.

[12] Steiner, Rudolf: „*Unsere Toten*. Ansprachen, Gedenkworte und Meditationssprüche 1906 bis 1924." Mit zwei Vorträgen, gehalten in Kassel am 9. und 10. Mai 1914: *Das Hereinragen der geistigen Welt in die physische* (GA 261). Rudolf Steiner Verlag, Dornach 1984.

[13] *Hermann Linde*. Biografie-Daten: Stiftung Kulturimpuls. – Selbstporträt und Text: https://de.wikipedia.org/wiki/Hermann_Linde_(Maler).

[14] *Marie Steiner-von Sivers*. Abb. 9 und adaptierter Text mit freundlicher Genehmigung: Stiftung Kulturimpuls, Deutsches Stiftungszentrum, Barkhovenallee 1, 45239 Essen.

[15] Edouard Schuré: (1841 bis 1929): Französischer Schriftsteller und Theosoph. Seine Bekanntheit gründet sich heute vor allem auf sein 1889 erschienenes Hauptwerk *Les Grands Initiés (Die Großen Eingeweihten)*. Darüber hinaus war er Autor von Dramen, Romanen, Gedichten und verschiedenen Abhandlungen über Philosophie, Geschichte und Musik.

[16] Woloschin, Margarita: „*Die grüne Schlange* – Lebenserinnerungen" (S. 379). Verlag Freies Geistesleben, 6. Aufl. Stuttgart 1982.

[17] *Edith Maryon*. Abb. 10 und adaptierter Text mit freundlicher Genehmigung: Stiftung Kulturimpuls, Deutsches Stiftungszentrum, Barkhovenallee 1, 45239 Essen.

[18] Rudolf Steiner Verlag (Hrsg.): *Rudolf Steiner – Marie Steiner-von Sivers: Briefwechsel und Dokumente 1901 bis 1925*. Rudolf Steiner Gesamtausgabe / Schriften und Vorträge 2014.

[19] Rudolf Steiner Verlag (Hrsg.): *Rudolf Steiner – Edith Maryon: Briefwechsel: Briefe – Sprüche – Skizzen 1912 bis 1924.* Rudolf Steiner Gesamtausgabe / Schriften und Vorträge 1990.

[20] *Ita Maria Hendrika Wegman.* Abb. 11 und adaptierter Text mit freundlicher Genehmigung: Stiftung Kulturimpuls, Deutsches Stiftungszentrum, Barkhovenallee 1, 45239 Essen.

[21] *Carl T. Unger.* Abb. 12 und adaptierter Text mit freundlicher Genehmigung: Stiftung Kulturimpuls, Deutsches Stiftungszentrum, Barkhovenallee 1, 45239 Essen.

[22] *Elisabeth Vreede.* Abb. 13 und adaptierter Text mit freundlicher Genehmigung: Stiftung Kulturimpuls, Deutsches Stiftungszentrum, Barkhovenallee 1, 45239 Essen.

[23] Nicolas Camille Flammarion (1842 bis 1925), französischer Astronom und Autor populärwissenschaftlicher Schriften sowie erster Präsident der von ihm 1887 gegründeten *Société astronomique de France* (SAF).

[24] *Boris Nikolajewitsch Bugajeff* alias *Andrej Belyj.* Abb. 14 und adaptierter Text mit freundlicher Genehmigung: Stiftung Kulturimpuls, Deutsches Stiftungszentrum, Barkhovenallee 1, 45239 Essen.

[25] *Margarita Wassijewna Woloschin.* Abb. 15 und adaptierter Text mit freundlicher Genehmigung: Stiftung Kulturimpuls, Deutsches Stiftungszentrum, Barkhovenallee 1, 45239 Essen

[26] *Albert Steffen.* Abb. 18 und adaptierter Text mit freundlicher Genehmigung: Stiftung Kulturimpuls, Deutsches Stiftungszentrum, Barkhovenallee 1, 45239 Essen.

[27] Friedrich Rittelmeyer (1872 bis 1938), deutscher evangelischer Pfarrer, bedeutender Prediger, Theologe, Anthroposoph und Mitbegründer sowie der erste Erzoberlenker der *Christengemeinschaft.*

[28] *Assja Turgenieff-Bugajeff.* Abb. 19 und adaptierter Text mit freundlicher Genehmigung: Stiftung Kulturimpuls, Deutsches Stiftungszentrum, Barkhovenallee 1, 45239 Essen.

[29] *Guenther Wachsmuth.* Abb. 20 und adaptierter Text mit freundlicher Genehmigung: Stiftung Kulturimpuls, Deutsches Stiftungszentrum, Barkhovenallee 1, 45239 Essen

[30] *Ehrenfried Pfeiffer.* Abb. 21b und adaptierter Text mit freundlicher Genehmigung: Stiftung Kulturimpuls, Deutsches Stiftungszentrum, Barkhovenallee 1, 45239 Essen

[31] Siehe [1]/S. 71.

[32] Siehe [9]/S. 218.

[33] Eurythmeum Stuttgart, E-mail: info@eurythmeumstuttgart.de, Telefon (AB): 0711 / 236 42 30. https://anthrowiki.at/Eurythmie.

[34] https://anthrowiki.at/Eurythmie.

[35] Siehe [9]/S. 529/530.

[36] Sam, Martina Maria: *Eurythmie – Entstehungsgeschichte und Porträts ihrer Pioniere.* Verlag am Goetheanum, Dornach 2015.

[37] *Tatjana Kisseleff.* Abb. 26 und adaptierter Text mit freundlicher Genehmigung: Stiftung Kulturimpuls, Deutsches Stiftungszentrum, Barkhovenallee 1, 45239 Essen.

[38] Kisseleff, Tatjana: *Eurythmie-Arbeit mit Rudolf Steiner.* Die Jahre 1912 bis 1925. Futurum Verlag, Basel 1982.

[39] *Lory Maier-Smits.* Abb. 27 und adaptierter Text mit freundlicher Genehmigung: Stiftung Kulturimpuls, Deutsches Stiftungszentrum, Barkhovenallee 1, 45239 Essen.

[40] *Ilona Schubert-Polzer, geb. Bögel.* Abb. 28 und adaptierter Text mit freundlicher Genehmigung: Stiftung Kulturimpuls, Deutsches Stiftungszentrum, Barkhovenallee 1, 45239 Essen.

[41] Schubert, Ilona: *Selbsterlebtes im Zusammenhang mit Rudolf Steiner und Marie Steiner,* Zbinden Verlag, Basel* 1977.

---

* Der Zbinden Verlag in Basel ist seit 2003 „das kleine Beiboot" des Rudolf Steiner Verlages in Dornach.

[42] Siehe [9]/S. 529/530.

[43] Siehe [16]/S. 281.

[44] Rudolf Steiner: *Samariterkurs* vom 13. bis 16. August 1914
(„Das Geheimnis der Wunde").
Beiträge zur Gesamtausgabe, Heft Nr. 108, 2012.

[45] Siehe [1]/S. 103.

[46] Katalog des Gesamtwerks (Seite 108), Rudolf Steiner Verlag, Dornach 1995/96.

[47] Krück von Poturzyn, Maria J. (Hrsg.): *Wir erlebten Rudolf Steiner.*
Verlag Freies Geistesleben, Stuttgart 1956 (S. 209).

[48] Krück von Poturzyn, Maria J. (Hrsg.): *Wir erlebten Rudolf Steiner.* Verlag Freies
Geistesleben, Stuttgart 1956 (S. 146).

[49] entfällt

[50] Krück von Poturzyn, Maria J. (Hrsg.): *Wir erlebten Rudolf Steiner* (S. 146).
Verlag Freies Geistesleben, Stuttgart 1956

[51] Steffen, Albert: *Begegnungen mit Rudolf Steiner.* Verlag für Schöne Wissenschaften, 5. Aufl. Dornach 2009 (S. 349).

[52] Gentilli-Arenson-Baratto, Lidia: *Eine Erinnerung an Marie Steiner.*
Im Selbstverlag, Freiburg i. Br. 1947. (nicht mehr erhältlich).

[53] Siehe [1]/S. 122 ff.

[54] Siehe [1]/S. 233/234.

[55] Siehe [16]/S. 281/282.

[56] Rudolf Steiner & Marie Steiner-von Sivers: *Sprachgestaltung und Dramatische Kunst*, 19 Vorträge (GA 282). Rudolf Steiner Verlag Dornach, 1981.

[57] Belyj, Andrej: *Verwandeln des Lebens: Erinnerungen an Rudolf Steiner.* Futurum Verlag, Basel 2011.

[58] Siehe [1]/S. 122.

[59] Pfeiffer Center, 10977 Chestnut Ridge N.Y., 260 Hungry Hollow Road, E-Mail: info@pfeiffercenter.org.

[60] Vreede, Elisabeth: *Astronomie und Anthroposophie.* 1. Buchausgabe 1954 im Novalis-Verlag, Freiburg i. Br.

[61] Katalog des Gesamtwerks. Rudolf Steiner-Verlag, Dornach 1995/96, S. 90.

[62] Ebd. S. 18.

[63] Quelle: Journal of Biodynamics Tasmania, 135/2020 (S. 20 – 23).

[64] *Initiative zur Rehabilitierung von Ita Wegman und Elisabeth Vreede,* Dorneckstraße 60, CH-4143 Dornach – info@wegman-vreede.com http://wegman-vreede.com/wp1/wp-content/uploads/2017/11/ Rehabilitierung_Wegman-Vreede_A4.pdf

[65] Zit.: https://www.anthroweb.info/geschichte/geschichte-ag/der-prozess-um-den-nachlass-rudolf-steiners.html.

[66] Anthroposophische Gesellschaft in Deutschland e.V.
Rudolf Steiner Haus
Zur Uhlandshöhe 10
70188 Stuttgart
info@anthroposophische-gesellschaft.org.

Nachweise der Abbildungen

Abb. 1: *Rudolf Steiner* (1908) – Foto: Stiftung Kulturimpuls. Deutsches Stiftungszentrum, Barkhovenallee 1, 45239 Essen.

Abb. 2: *Das erste Goetheanum. Aufrichtefeier 1914* – Foto: O. Rietmann. Rudolf Steiner Archiv, Dornach.

Abb. 3.: *Erstes Goetheanum. Fertigstellung 1922* – Foto: © Keystone.

Abb. 4: *Der Grundstein des Goetheanum* – Foto: Cover des Tagungsflyers (Max Benzinger, 1877 - 1949), Rudolf Steiner Archiv, Dornach.

Abb. 5: *Holzplastik „Christus als Menschheitsrepräsentant".* Rudolf Steiner Archiv, Dornach.

Abb. 6: Wandtafelzeichnung Rudolf Steiners während eines Vortrags in Torquay/ England (12. August 1924): „Physis Mensch/Tier/Pflanze" – *Ich trage in mir als Mensch die physische, die seelische, die geistige Welt.* Rudolf Steiner Archiv, Dornach.

Abb. 7: Hermann Linde: *Selbstporträt* ca. 1910 – Foto und Text: https://de.wikipedia.org/wiki/Hermann_Linde_(Maler).

Abb. 8a, 8b: Deckenmalerei der großen Kuppel (8a) und kleinen Kuppel (8b) des ersten Goetheanum – https://anthrowiki.at/Die_Deckenmalerei_ der_gro%C3%9Fen_Kuppel_des_ersten_Goetheanums

Abb. 16: *Selbstporträt* (M. Woloschin, Zürich 1905) – Foto: Staatliche Sawizki Galerie, Pensa/Russland.

Abb. 17: Rekonstruktionsmalerei der sieben Motive der kleinen Kuppel im ersten Goetheanum von Daniel van Bemmelen (1899 bis 1982). https://sbk.goetheanum.org/

Abb. 18: Albert STEFFEN – Foto: Siehe Abb. 1.

Abb. 19: Assja TURGENIEFF-BUGAJEFF – Foto: Siehe Abb. 1.

Abb. 20: Guenther WACHSMUTH – Foto: Siehe Abb. 1.

Abb.: 21a: George Adams Kaufmann – Foto und adaptierter Text: Stiftung Kultur-impuls. Deutsches Stiftungszentrum, Barkhovenallee 1, 45239 Essen.

Abb. 21b: Ehrenfried PFEIFFER – Foto: Siehe Abb. 1.

Abb. 22, 23, 24: Eurythmische Formen
(Buchstabe „A", Stimmung „Lieblichkeit", Stimmung „Moll")
Zeichnungen: Angelika Dorothea Albrecht (ca. 1995).

Abb. 25: Titelbild Plakat *Eurythmie-Ensemble-Festivals* am Goetheanum 16. bis 18. Oktober 2020 – Foto: © Peter Stevens, Lichteurythmie-Ensemble Schweiz – Veröffentlichung mit freundlicher Genehmigung von Thomas Sutter, Leiter des Lichteurythmie-Ensembles, Dorfgasse 2, CH-Arlesheim.

Abb. 29: Westfassade mit Haupteingang (zweites Goetheanum) – Foto: https://commons.wikimedia.org/wiki/File:Goetheanum_Dornach2.jpg.

Abb. 30: Südfassade mit Haupteingang (zweites Goetheanum) – Foto: https://commons.wikimedia.org/w/index.php?curid=11830214.

Abb. 31: Siegel von Rudolf Steiner zum ersten Mysteriendrama *Die Pforte der Einweihung* mit den Initialen des Rosenkreuzer-Spruchs EDN JCM PSSR – https://anthrowiki.at/Datei:Mysteriendramensiegel_1.gif.

Abb. 32: „Haus Duldeck". Foto Roland Halfen 2019
(Bild ohne Urheberrechtsschutz).

Abb. 33: Das ehemalige Wohnhaus von Ita Wegman und heutige *Archiv des Ita Wegman Instituts* – Foto: © *Ita Wegman Institut*, Pfeffingerweg 1a, CH-4144 Arlesheim.

Abb. 34: *La Motta*-Kapelle in Brissago/Schweiz. Fresko: Liane Collot d'Herbois. – Foto © Fondazione La Motta, Istituto Socioterapeutico, www.la-motta.ch. Veröffentlichung mit freundlicher Genehmigung des Direktors der *Stiftung La Motta*, Riccardo Lüthi, Via Costa di Dentro 5, CH-6614 Brissago.

Abb. 35: Das ehemalige *Haus Hansi* – Foto: Dr. John Paull, Dozent für Umwelt, Ernährungsfragen und organisch-nachhaltige Landwirtschaft an der Australischen Universität von Tasmanien in Hobart. Er besuchte mehrere Male das Goetheanum in Dornach und machte dabei zahlreiche Aufnahmen. Mit seiner freundlichen Genehmigung können in diesem Buch einige davon veröffentlicht werden. Adresse Dr. John Paull, University of Tasmania, GPO Box 802, Hobart / TAS 7001, Australia.

Abb. 36: 1920 ließ sich Elisabeth Vreede dieses Haus nach einem Modellentwurf von Edith Maryon und Rudolf Steiner in Arlesheim erbauen, in dem sie bis 1935 lebte. – Foto: Dr. John Paull (s. Abb. 35).

Schriften Rudolf Steiner
(Auswahl von 42 der insgesamt 354 GA-Nummern)

Die Rudolf Steiner-Gesamtausgabe (GA) teilt sich ein in Schriften (GA 1 bis 45), Vorträge (GA 51 bis 354) und künstlerisches Werk (K 12 bis K 26a; K 23/1 bis K 58/27) – Quelle: *Rudolf Steiner. Katalog des Gesamtwerks.* Rudolf Steiner Verlag, Dornach 1995/96.

Die für die Öffentlichkeit verfassten Werke Rudolf Steiners bilden das eigentliche Fundament der Anthroposophie und damit den Ausgangspunkt zu ihrer Erarbeitung; sie enthalten die erkenntnistheoretische und methodische Voraussetzung für alles, was im Vortragswerk durch das gesprochene Wort vertieft und nach den verschiedensten Richtungen hin erweitert wird. Bei den rund 6.000 Vorträgen wird unterteilt in Öffentliche Vorträge, Vorträge vor Mitgliedern der *Anthroposophischen Gesellschaft* und Vorträge und Kurse zu einzelnen Lebensgebieten.

1894	GA 004	*Die Philosophie der Freiheit* – Philosophisches Hauptwerk. Rudolf Steiner Verlag, 11. Aufl. Dornach 2011.
1897	GA 006	*Goethes Weltanschauung.* Rudolf Steiner Verlag, 8. Aufl. Dornach 1990.
1902	GA 008	*Das Christentum als mystische Tatsache und die Mysterien des Altertums.* Rudolf Steiner Verlag, 9. Aufl. Dornach 1989.
1903	GA 009	*Theosophie* – Einführung in übersinnliche Welterkenntnis und Menschenbestimmung. Rudolf Steiner Verlag, 16. Aufl. Dornach 2019.
1904/1905	GA 010	*Wie erlangt man Erkenntnisse der höheren Welten?* – Grundlegende anthroposophische Schrift. Rudolf Steiner Verlag, Dornach 1982.
1910	GA 013	*Die Geheimwissenschaft im Umriss* – Umfassendste Schrift des Werkes Rudolf Steiners. Rudolf Steiner Verlag, Dornach 2020.
1911	GA 131	*Von Jesus zu Christus* – Elf Vorträge Karlsruhe. Rudolf Steiner Verlag, 7. Aufl. Dornach 1988.
1912	GA 135	*Wiederverkörperung und Karma* – Fünf Vorträge Berlin, Stuttgart. 4. Aufl. Rudolf Steiner Verlag Dornach 1989.

1912   GA 139   *Das Markus-Evangelium* – Zehn Vorträge Basel.
Rudolf Steiner Verlag, 3. Aufl. Dornach 2014.

1913   GA 142   *Die Bhagavad Gita und die Paulusbriefe* – Fünf Vorträge
Köln. Rudolf Steiner Verlag, 3. Aufl. Dornach 2005.

1913 /1914 GA 152   *Vorstufen zum Mysterium von Golgatha* – Zehn Vorträge in
verschiedenen Städten. Rudolf Steiner Verlag, 2. Aufl.
Dornach 2015.

1913 /1914 GA 148   *Aus der Akasha-Forschung.* Das Fünfte Evangelium –
18 Vorträge in verschiedenen Städten. Rudolf Steiner Verlag,
5. Aufl. Dornach 2020.

1914   GA 286   *Wege zu einem neuen Baustil* – Acht Vorträge Berlin,
Dornach. Rudolf Steiner Verlag, Dornach 1992.

1914/1915 GA 275   *Kunst im Lichte der Mysterienweisheit* – Acht Vorträge
Dornach. Rudolf Steiner Verlag, 3. Aufl. Dornach 1990.

1914   GA 153   *Inneres Wesen des Menschen und Leben zwischen Tod und
neuer Geburt* – 16 Vorträge Wien. Rudolf Steiner Verlag,
Dornach 1988.

1915   GA 159   *Das Geheimnis des Todes. Wesen und Bedeutung Mittel-
europas und die europäischen Volksgeister* – 15 Vorträge in
verschiedenen Städten. Rudolf Steiner Verlag, 3. Aufl.
Dornach 2005.

1916-1918 GA 020   *Vom Menschenrätsel* – Rudolf Steiner Verlag, Dornach 1984.

1917   GA 021   *Von Seelenrätseln* – Rudolf Steiner Verlag, Dornach 1993.

1917   GA 177   *Die spirituellen Hintergründe der äußeren Welt. Der Sturz
der Geister der Finsternis* – 14 Vorträge, Dornach. Rudolf
Steiner Verlag, 7. Aufl. Dornach 2020.

1918   GA 181   *Erdensterben und Weltenleben.* Anthroposophische Lebens-
gaben – 21 Vorträge Berlin. Rudolf Steiner Verlag, 3. Aufl.
Dornach 1991.

1919   GA 194   *Die Sendung Michaels* – Zwölf Vorträge Dornach. Rudolf
Steiner Verlag, 4. Aufl. Dornach 1994.

1919/20   GA 195   *Weltsilvester und Neujahrsgedanken* – Fünf Vorträge
Stuttgart. Rudolf Steiner Verlag, 4. Aufl. Dornach 1986.

1905-1922 GA 324a *Die vierte Dimension* – Acht Vorträge Berlin. Rudolf
Steiner Verlag, 1. Aufl. Dornach 1995.

1918	GA 181	*Erdensterben und Weltenleben.* Anthroposophische Lebensgaben – 21 Vorträge Berlin. Rudolf Steiner Verlag, 3. Aufl. Dornach 1991.
1919	GA 023	*Die Kernpunkte der sozialen Frage.* Rudolf Steiner Verlag, Dornach 2014.
1919	GA 293	*Allgemeine Menschenkunde als Grundlage der Pädagogik* – 14 Vorträge Stuttgart. Rudolf Steiner Verlag, 10. Aufl. Dornach 2018.
1920	GA 312	*Geisteswissenschaft und Medizin* (1. Ärztekurs) – 20 Vorträge Dornach für Ärzte und Medizinstudierende. Rudolf Steiner Verlag, Dornach 2020.
1921	GA 323	*Das Verhältnis der verschiedenen naturwissenschaftlichen Gebiete zur Astronomie* – 18 Vorträge Stuttgart u. Dornach. Rudolf-Steiner-Verlag, 2., neudurchges. Aufl. Dornach 1983.
1921	GA 325	*Die Naturwissenschaft und die weltgeschichtliche Entwickelung der Menschheit seit dem Altertum* – Sechs Vorträge Stuttgart. Rudolf Steiner Verlag, Dornach 1989.
1921	GA 291	*Das Wesen der Farben* – Drei Vorträge Dornach sowie neun Ergänzungsvorträge aus den Jahren 1914 bis 1924. Rudolf Steiner Verlag, Dornach 1991.
1922	GA 215	*Die Philosophie, Kosmologie und Religion in der Anthroposophie* – Zehn Vorträge Dornach. „Französischer Kurs". Rudolf Steiner Verlag, 2. Aufl. Dornach 1980.
1922	GA 340	*Nationalökonomischer Kurs für Studenten der Nationalökonomie* – 14 Vorträge Dornach. Rudolf Steiner Verlag, Dornach 1996.
1922	GA 304	*Die geistig-seelischen Grundkräfte der Erziehungskunst* – Zwölf Vorträge Oxford („Oxford Holiday Conference"). Rudolf Steiner Verlag, 3. Aufl. Dornach 1991.
1922	GA 083	*Westliche und östliche Weltgegensätzlichkeit* – Zehn Vorträge beim Zweiten Internationalen Kongress der anthroposophischen Bewegung in Wien. Rudolf Steiner Verlag, 3. Aufl. Dornach 1991.
1922/1923	GA 326	*Der Entstehungsmoment der Naturwissenschaft in der Weltgeschichte und ihre seitherige Entwickelung* – Neun Vorträge Dornach. Rudolf Steiner Verlag, 1. Aufl. Dornach 1991.

1922-1924	GA 347-354	113 Vorträge für die Arbeiter des Goetheanum-Baus
	GA 347	*Die Erkenntnis des Menschenwesens nach Leib, Seele und Geist* (12 Beiträge)
	GA 348	*Über Gesundheit und Krankheit* (20 Beiträge)
	GA 349	*Vom Leben des Menschen und der Erde* (15 Beiträge)
	GA 350	*Rhythmen im Kosmos und im Menschenwesen* (18 Beiträge)
	GA 351	*Mensch und Welt. Was Wirken des Geistes in der Natur* (18 Beiträge)
	GA 352	*Natur und Mensch in geisteswissenschaftlicher Betrachtung* (12 Beiträge)
	GA 353	*Die Geschichte der Menschheit und die Weltanschauungen der Kulturvölker* (19 Beiträge)
	GA 354	*Die Schöpfung der Welt und des Menschen* (16 Beiträge)
1923	GA 229	*Das Miterleben des Jahreslaufes in vier kosmischen Imaginationen* – Sechs Vorträge Dornach u. Stuttgart. Rudolf Steiner Verlag, 1. Aufl. Dornach 2006.
1923/1924	GA 084	*Was wollte das Goetheanum und was soll die Anthroposophie?* – Elf Vorträg in verschiedenen Städten. Verlag der Rudolf Steiner-Nachlassverwaltung, Dornach 1961.
1924	GA 235-240	*Esoterische Betrachtungen karmischer Zusammenhänge.* Vortragszyklus in sechs Bänden – 81 Vorträge Dornach, Prag, Paris, Breslau, Arnhem, Torquay. Rudolf Steiner Verlag, 3. Aufl. Dornach 1995.
1924	GA 327	*Geisteswissenschaftliche Grundlagen zum Gedeihen der Landwirtschaft* – Acht Vorträge Koberwitz bei Breslau. Rudolf Steiner Verlag, 6. Aufl. Dornach 2016.
1924	GA 279	*Eurythmie als sichtbare Sprache* – 15 Vorträge Dornach. Rudolf Steiner Verlag, 2019.
1925	GA 027	*Grundlegendes für eine Erweiterung der Heilkunst nach geisteswissenschaftlichen Erkenntnissen* (mit Ita Wegman). Rudolf Steiner Verlag, 3. Aufl. Dornach 2016.

Literatur-Empfehlungen

Archiv der Christengemeinschaft (Hrsg.): *Friedrich Rittelmeyer – Meine Gespräche mit Rudolf Steiner.* Verlag Urachhaus, 2. Aufl. Stuttgart 2017 (119 Seiten).

Beck, Walter: *Rudolf Steiner – Die letzten drei Jahre.* Persönliche Erinnerungen. Verlag am Goetheanum, Dornach 1985 (68 Seiten).

Belyj, Andrej: *Verwandeln des Lebens: Erinnerungen an Rudolf Steiner.* Futurum Verlag, Basel 2011 (360 Seiten). – Neuauflage des bezaubernden Erinnerungbuches an Rudolf Steiner, geschrieben von einem großen Sprachkünstler, in der Übersetzung von Swetlana Geier. Mit seinen zur Jahreswende 1928/29 verfassten Memoiren gibt der Autor zugleich eine profunde und fulminante Einführung in die Anthroposophie. Vor allem aber zeichnet er ein lebendiges Bild von Rudolf Steiner in der Zeit des Goetheanum-Baues, in niemals indiskreter Nahaufnahme.

Deventer, Madeleine Petronella (Hrsg.): *Elisabeth Vreede* – Ein Lebensbild. Verlag am Goetheanum, Dornach 1976 (104 Seiten).

Dubach, Annemarie: *Grundelemente der Eurythmie.* Verlag am Goetheanum, 6. Aufl. Dornach 1988 (201 Seiten).

Fels, Alice: *Vom Werden der Eurythmie.* Verlag am Goetheanum, Dornach 1986.

Fels, Alice: *Studien zu den Mysteriendramen Rudolf Steiners.* Selbstverlag Dornach/Stuttgart 1950 (66 Seiten).

Froböse, Edwin: *Mein Weg zur Goetheanum-Bühne.* J. Ch. Mellinger Verlag, Stuttgart 1979 (176 Seiten).

Froböse, Eva: *Rudolf Steiner über Eurythmische Kunst* (Bewegungskunst der Anthroposophie). DuMont Reiseverlag, Ostfildern 1983 (216 Seiten).

Froböse, Eva: *Erinnerungen an die Eurythmieschule Berlin unter Leitung von Lidia Arenson-Barato.* In: Rundbrief der Sektion für Redende und Musizierende Künste (RRM), Dornach 1997, Nr. 27.

Grosse, Rudolf: *Die Weihnachtstagung als Zeitenwende.* Verlag am Goetheanum, Dornach 1976 (162 Seiten).

Hammacher, Wilfried: *Marie Steiner, Lebensspuren einer Individualität.* Verlag Freies Geistesleben, Stuttgart 1998 (352 Seiten).

Heidt, Wilfried: *Wer ist die Allgemeine Anthroposophische Gesellschaft?* – Studien zum Konstitutionsproblem, Darstellung – Klärung, Vorschlag zur Lösung. Edition Medianum im Achberger Verlag, TB 1998 (374 Seiten).

Jünemann, Margit: *Der Winter weicht – Caroline Heydebrand.* Pionierin der Waldorfpädagogik. Verlag Freies Geistesleben, Stuttgart 2003 (176 Seiten).

Kisseleff, Tatjana: *Eurythmie-Arbeit mit Rudolf Steiner.* Die Jahre 1912-1925. Das Ausarbeiten und Weiterstreben. Blick in die Zukunft. Futurum Verlag, Basel 1982 (207 Seiten).

Klinisch-Therapeutisches Institut Arlesheim (Hrsg.): *Erinnerungen an Ita Wegman.* Weihnachten 1945. Natura-Verlag, Arlesheim 1968 (72 Seiten).

Krück von Poturzyn, Maria (Hrsg.): *Wir erlebten Rudolf Steiner. Erinnerungen seiner Schüler.* Verlag Freies Geistesleben, 7. Aufl. Stuttgart 1988 (274 Seiten).

Kux, Ralph (Autor) & **Willi Kux** (Hrsg.): *Erinnerungen an Rudolf Steiner. + Eurythmie und Musik.* Mellinger Verlag, Stuttgart 1976 (168 Seiten).

Menzer, Rudolf: *Die Allgemeine Anthroposophische Gesellschaft von Weihnachten 1923 und ihr Schicksal.* Lochmann Verlag, vollständig überarbeitete, aktualisierte und erweiterte Neuaufl. Basel 2006 (301 Seiten).

Meyer, Thomas (Hrsg.): *Ein Leben für den Geist – Ehrenfried Pfeiffer* (1899 – 1961). Perseus Verlag, 3. Aufl, Basel 2003 (237 Seiten).

Meyer, Thomas (Hrsg.): *Helmuth von Moltke 1848-1916,*
Dokumente zu seinem Leben und Wirken. Bd. 2: Briefe Rudolf Steiners an Eliza
und Helmuth von Moltke, durch R. Steiner aufgezeichnete Post-mortem-
Mitteilungen Moltkes. Perseus Verlag, 2., erw. Aufl. Basel 2007 (344 Seiten).

Müller, Heinz: *Spuren auf dem Weg.* Mellinger Verlag, Stuttgart 1970.

Plato, Bodo von (Hrsg.): *Anthroposophie im 20. Jahrhundert, ein Kulturimpuls in*
biographischen Porträts. Verlag am Goetheanum, Dornach 2003 (1.166 Seiten).

Poeppig, Fred: *Marie Steiner, ein Leben im Dienst der Wiedergeburt des Wortes.*
Lohengrin-Verlag, Rendsburg 1990.

Poeppig, Fred: *Schicksalswege zu Rudolf Steiner.* Mellinger Verlag, Stuttgart 1955
(141 Seiten).

Polzer-Hoditz, Ludwig: *Erinnerungen an Rudolf Steiner*, ergänzt durch Beiträge
von K. Berthold und K. Th. Willmann, hrsg. von Peter Tradowsky. Philosophisch-Anthroposophischer Verlag am Goetheanum, Dornach 1985 (316 Seiten).

Ravagli, Lorenzo & Ernst-Michael-Kranich-Stiftung: Selbsterkenntnis in der
Geschichte – Anthroposophische Gesellschaft und Bewegung im 20. Jahrhun-
dert, Bd. 1: Von den Anfängen bis zur zweiten großen Sezession 1875-1952.
Glomer.com; 1. Edition 2020 (516 Seiten).

Rittelmeyer, Friedrich: *Meine Lebensbegegnung mit Rudolf Steiner.* Verlag
Urachhaus, 12. Aufl. Stuttgart 2007 (248 Seiten).

Rose, Robert: *Evolution, Rasse und die Suche nach einer globalen Ethik*: Eine Antwort auf die Kritiker der Anthroposophie und Waldorfpädagogik. Berliner Wissenschafts-Verlag 2016 (252 Seiten).

In der vom Bund der Freien Waldorfschulen e.V. herausgegebenen Zeitschrift *erziehungskunst – Waldorfpädagogik heute* (Stuttgart, März 1914) veröffentlichte Richard House eine Rezension des englischen Originaltitels *Transforming Criticisms of Anthroposophy and Waldorf Education – Evolution, Race and the Quest for Global Ethics*, Centre for Philosophy and Anthroposophy, 2013, 203 Seiten. Daraus nachstehend einige Auszüge.

„Das Buch von Robert Rose setzt sich in einer sorgfältigen Analyse mit dem Vorwurf auseinander, in Steiners Ideen ginge eine ‚rassistische' Ideologie ein. (...) Die Bedeutung des Themas darf keinesfalls unterschätzt werden. Immer wieder gibt es entsprechende Anstrengungen, um Steiners Kosmologie in Misskredit zu bringen – und was würde sich in unserer Zeit besser dazu eignen, als der Vorwurf des Rassismus? (...) Das letzte Kapitel zeigt, dass Steiners zentrale Theorie eine Vorstellung von Evolution enthält, die eine positive, globale Ethik zwischen allen Menschen der Erde fördert. (...) ‚Es gibt keinerlei Verbindungen, Verschränkungen, Brücken oder philosophische Ähnlichkeiten von Anthroposophie und Waldorfpädagogik zu Mystizismus, Rassismus oder Faschismus und auch keine Sympathien dafür oder praktische Ergebnisse, die damit etwas gemeinsam haben', so das Fazit von Rose. (...) Der Schaden, der angerichtet wird hinsichtlich dessen, wofür Anthroposophie steht, ist durch eine solche ‚Dämonisierung' von Steiner nicht gering. Rose wirft z.B. Fragen auf wie: ‚Kann eine Formulierung als rassistisch eingestuft werden, wenn die Rasse, auf die sie sich bezieht, gar nicht mehr existiert und wenn sie zu keiner Beschreibung einer Rasse der heutigen Zeit passt?'; und: ‚Woher weiß man, dass eine einzelne Bemerkung zum Kern einer Theorie gehört?' (...) Die Kritiker dagegen nähmen gemeinhin an oder behaupteten einfach, Steiner gehe es um vorschreibende ethische Aussagen über Präferenzen, die mit Rassen zu tun haben. Nichts dergleichen sei tatsächlich der Fall, argumentiert Rose. ‚Steiners Blick auf Rassen ... basiert eindeutig auf ontologischen (= seinsmäßigen) Annahmen, nicht auf ethischen.' (...) Kritikern wie der US-Historiker Peter Staudenmaier, die mit scheinbar akademisch ausgestatteter Autorität Kritik am Werk Steiners und seiner Redlichkeit üben, haben dem tatsächlich keine Alternative entgegenzusetzen. So kann man ohne Bedenken ins Zentrum ihrer Kritiken vorstoßen, deren Grundannahmen zerlegen und ihre

Verwurzelung in zweifelhaften Voraussetzungen, falscher Logik und eingeschränkt gültigen Sichtweisen nachweisen, die ihren Gegenstand nur verfehlen können." https://www.erziehungskunst.de/nachrichten/wissenschaft/ rassismus-vorwurf-als-ausdruck-eines-kriegs-der-paradigmen/

Rudolf-Steiner-Nachlassverwaltung (Hrsg.): *Marie Steiner-von Sivers, ein Leben für die Anthroposophie , eine biografische Dokumentation in Briefen und Dokumenten, Zeugnissen von Rudolf Steiner, Maria Strauch, Edouard Schuré und anderen.* Rudolf-Steiner-Verlag, Dornach 1988 (525 Seiten).

Rudolf-Steiner-Nachlassverwaltung (Hrsg.): *Zur Grundsteinlegung des Ersten Goetheanum am 20. September 1913.* Rudolf-Steiner-Verlag, Dornach 2013 (241 Seiten).

Sam, Martina Maria: *Rudolf Steiner. Kindheit und Jugend 1861-1884,* Dornach 2018.

Sam, Martina Maria: *Eurythmie. Entstehungsgeschichte und Porträts ihrer Pioniere,* Dornach 2014.

Samweber, Anna (Hrsg. Jakob Streit): *Erinnerungen an Rudolf Steiner und Marie Steiner-von Sivers.* Verlag am Goetheanum, 7. überarbeitete Aufl. Dornach 2013 (96 Seiten).

Schubert, Ilona: *Selbsterlebtes im Zusammensein mit Rudolf Steiner und Marie Steiner.* Zbinden Verlag, 3. Aufl. Basel 1985 (110 Seiten).

Selg, Peter: *Edith Maryon: Rudolf Steiner und die Dornacher Christus-Plastik.* Verlag am Goetheanum, 2. unveränderte Aufl. Dornach 2018 (264 Seiten).

Selg, Peter & Ita Wegman: *Erinnerung an Rudolf Steiner.* Verlag Ita Wegman Institut, Arlesheim 2009 (136 Seiten).

Siegloch, Magdalena: *Lory Maier-Smits – Die erste Eurythmistin und die Anfänge der Eurythmie.* Verlag am Goetheanum, Reihe „Pioniere der Anthroposophie", Dornach 1993 (176 Seiten).

Slezak-Schindler, Christa: *Die Kunst der Sprachgestaltung im Atemraum der Zeit.* Marie Steiner Verlag. Haus der Sprache, Burghaldenweg 12/1, 75378 Bad Liebenzell-Unterlengenhardt.

Steffen, Albert: *Begegnungen mit Rudolf Steiner.* Dornach 1926, 1975 (169 Seiten).

Stein-von-Baditz, Nora: *Über die pädagogische Eurythmie für Unterrichtende.* Verlag Bund der freien Waldorfschulen, Hamburg 1979.

Steiner, Rudolf: *Die Weihnachtstagung zur Begründung der Allgemeinen Anthroposophischen Gesellschaft 1923/24.* Rudolf Steiner Verlag, 5. Aufl. Dornach 1994 (GA 282) (326 Seiten).

Steiner, Rudolf & Marie Steiner-von Sivers: *Sprachgestaltung und Dramatische Kunst* – 19 Vorträge. Rudolf Steiner Verlag, Dornach 1981 (GA 282).
Steiner, Rudolf & Marie Steiner-von Sivers: *Methodik und Wesen der Sprachgestaltung* – 19 Vorträge. Rudolf Steiner Verlag, Dornach 1981. (GA 280) (232 Seiten).

Strakosch, Alexander (Autor) **& Margarita Woloschin** (Illustr.): Lebenswege mit Rudolf Steiner – Erinnerungen. I. Teil (vergriffen) und II. Teil (1919-1915). Verlag am Goetheanum, Dornach 1994.

Turgenieff, Assja: *Erinnerungen an Rudolf Steiner und die Arbeit am ersten Goetheanum.* Verlag am Goetheanum, 3. Aufl. Dornach 1987 (113 Seiten).

Vreede, Elisabeth: *Astronomie und Anthroposophie* (1. Buchausgabe 1954 im Novalis-Verlag, Freiburg i. Br.); Verlag am Goetheanum, 2. Buchausgabe Dornach 1980. Für einen jeden, der mit der Anthroposophie vertraut ist und zugleich mit Interesse die Entwicklung der modernen Astronomie verfolgt. Mit seiner fast unübersehbaren Anzahl reichhaltiger Anregungen kann dieses Buch zu einem Verständnis astronomischer Erscheinungen aus dem Lichte der Geisteswissenschaft Rudolf Steiners begrüßt werden.

Walter, Hilma: *Abnormitäten der geistig-seelischen Entwicklung in ihren Krankheitserscheinungen und deren Behandlungsmöglichkeiten* Mit Hinweisen von Rudolf Steiner. Verlag am Goetheanum, 2. Aufl. 1987 Dornach (148 Seiten).

Walter, Hilma: *Die sieben Hauptmetalle: Ihre Beziehungen zur Welt, Erde und Mensch.* Als Hintergrund zum Verständnis einer Sammlung von Krankengeschichten mit therapeutischen Hinweisen von Rudolf Steiner. Verlag am Goetheanum, 2. Aufl. Dornach 1974. (324 Seiten).

Walter, Hilma: *Erinnerungen an Ita Wegman.* Natura Verlag, 3. Aufl. Arlesheim 1987 (72 Seiten).
Hilma Walter (1893-1976) war Ita Wegmans erste Assistentin am Klinisch-Therapeutischen Institut in Arlesheim und eine ihrer engsten Mitarbeiterinnen. In ihren Erinnerungen erzählt sie anschaulich von dieser Zusammenarbeit.

Walter, Hilma: *Im Anbruch des Wirkens für eine Erweiterung der Heilkunst nach geisteswissenschaftlicher Menschenkunde.* Verlag am Goetheanum, 2. Aufl. Dornach 1974 (220 Seiten).

Wehr, Gerhard: *Rudolf Steiner. Leben – Erkenntnis – Kulturimpuls.* Kösel Verlag, München 1987 (451 Seiten).

Wiesberger, Hella*: *Marie Steiner-von Sivers, Ein Leben für die Anthroposophie – Eine biographische Dokumentation.* Rudolf Steiner Verlag, 2. Aufl. Dornach 1989 (525 Seiten).

Whicher, Olive Mary (1910 - 2006): *George Adams. Ein Geistsucher in unserer Zeit.* Philosophisch-Anthroposophischer Verlag, Dornach 1973.

Woloschin, Margarita: *Die grüne Schlange – Lebenserinnerungen.* Verlag Freies Geistesleben, 6. Aufl. Stuttgart 1982 (382 Seiten).

---

* Hella Wiesberger (1920 bis 2014) übernahm nach Marie Steiner-von Sivers' Tod 1948 die Herausgabe der Rudolf Steiner Gesamtausgabe (GA) und war bis ins hohe Alter führende Persönlichkeit des Rudolf-Steiner-Archivs in Dornach. Es enthält stenografische Aufzeichnungen von annähernd 4.000 Vorträgen. Darüber hinaus: etwa 1.800 Briefe, über 600 Notizbücher und ca. 7.000 Notizzettel sowie Tausende Manuskriptseiten, Skizzen, plastische Arbeiten, Bau-Modelle, Möbel und Schmuckstücke, ca. 1.100 Wandtafelzeichnungen und die Privat-Bibliothek von Rudolf Steiner mit 9.000 Bänden.

Anthroposophie online

(4 Beispiele)

„Anthroposophie ist ein Erkenntnisweg,
der das Geistige im Menschenwesen zum Geistigen im Weltenall führen möchte."
Rudolf Steiner (GA 26, S. 14)

1) AnthroWiki

Im Jahre 2004 begründete Wolfgang Peter* die enzyklopädische Seite Anthro-Wiki. Er ist dort Medieninhaber und Administrator und fertigte einen Großteil der heute in AnthroWiki bestehenden Artikel selbst an. Er wird darin unterstützt von einer recht kleinen Schar von „Editoren", die gleichfalls Artikel auf Anthro-Wiki schreiben.

AnthroWiki wurde entwickelt mit Hilfe der Wiki-Technologie, die es prinzipiell erlaubt, dass viele Menschen dazu etwas beisteuern können. Aufgrund von wiederholten Vandalismus-Vorfällen in AnthroWiki, werden dort jedoch nur noch ausgewählte Mitglieder als Editoren (Autoren) zugelassen.

Die Website von AnthroWiki gibt auf ihrer Hauptseite – https://anthrowiki.at/ Hauptseite – folgende Informationen: Derzeit gibt es 13.928 Artikel in 44 Hauptkategorien und 3.576 Bildern.

Online-Versionen:
anthro.wiki, anthrowiki.info, steiner.wiki, wiki.rudolf-steiner.org – alternative Server für anthrowiki.at.

Offline-Version:
im HTML-Format zum Download (Stand Februar 2013); verfügbar auch als PDF-Datei (200 MB).

Im Februar 2021 hat der Aufbau der englischsprachigen Version von AnthroWiki begonnen. Sie ist abrufbar unter: en.anthro.wiki oder en.anthrowiki.at.

---

* **Dr. Wolfgang Peter**, geboren 1957 in Österreich; er ist tätig als Schauspieler, Vortragender und Anthroposoph und lebt in Perchtoldsdorf bei Wien. - https://anthrowiki.at/Wolfgang_Peter.

2) **anthroweb.info** – anthroposophie im 21. jahrhundert. https://www.anthroweb.info/
Lorenzo Ravagli*, Afat – Agentur für angewandte Anthroposophie,
Kunigundenstraße 4, 80802 München. webmaster@anthro-web.info

3) **Rudolf Steiner Online Archiv** – Aus der Geschichte der anthroposophischen
Bewegung. http://anthroposophie.byu.edu/geschichte.html.

4) **anthrolexus** – Fach-Lexikon, Enzyklopädie (Stichwortverzeichnis).
http://www.anthrolexus.de/
Herausgeber: Nachlass Urs Schwendener, c/o Stiftung Edith Maryon,
Theaterstraße 4, CH-4001 Basel
Der Abdruck der Texte Rudolf Steiners erfolgt mit freundlicher Genehmigung
der Rudolf Steiner Nachlassverwaltung Dornach/Schweiz.
Dieses Lexikon wird der Allgemeinheit zur freien aber nicht kommerziellen
Nutzung (diese untersteht nach wie vor dem Copyright) übergeben.
Copyright 2006, 2009, 2010 Urs Schwendener

---

* **Lorenzo Ravagli**, geboren in Basel/Schweiz (1957). Nach einem Studium der Philosophie und des Schauspiels in Basel und Dornach Tätigkeit als Lehrer für Schauspiel, Religion, Literaturgeschichte und an der Eurythmiebühne München. 1993 Gründung des *trithemius verlag*. Seither Verleger und Autor.

***